머리맡에 ── 톨스토이

머리맡에 —— 톨스토이

삶을 깨우는
톨스토이의 말

톨스토이 지음 / 함현규 옮김

다른
상상

인생의 참뜻을 담은 삶의 지침서

『전쟁과 평화』, 『안나 까레니나』 같은 예술적 대작과 『참회록』, 『나의 종교는 무엇에 있는가』, 『그럼 우리는 무엇을 할 것인가』 같은 종교적, 사상적 저작을 발표한 톨스토이는 마침내 정신세계의 세계적 왕좌에 앉게 되었다. 세계 각국에서 그를 찾아오는 방문객이 나날이 늘어갔고, 톨스토이는 이들을 흔쾌히 맞이해 여러 가지 사상적 논의를 주고받았다. 그러는 가운데 자신 의 말을 이해하지 못하는 사람들이 많다는 것을 알게 되었다. 그 원인이 인생의 근본 원리에 대한 상반된 이해에서 비롯된다는 사실을 깨닫고 톨스토이는 자신의 사상을 조직적, 합리적으로 설명할 필요를 느꼈다. 그래서 집필한 것이 바로 『인생론』이며, 이 작품이 발표되었을 때 그의 나이는 59세(1887년)였다.

톨스토이는 『인생론』 집필에 온 열정을 다 쏟아부었다. 이 작품을 집필하던 중 한 친구에게 보낸 편지에서 "나는 지금 '생과 사'(『인생론』을 가리킴)를 저술 중이다. 내가 과연 잘하고 있는 것인지 잘못하고 있는 것인지 판단할 수가 없다. 하지만 손을 뗄 수는 없다."라고 했다. 이 편지 내용만으로도 톨스토이가 이 작품에 얼마나 강한 생명력을 불어넣었는지 짐작할 수 있다.

그러나 『인생론』은 발표 당시 검열에 의해 해로운 책이라는 낙인이 찍혀, 본국인 러시아에서는 간행 금지 명령을 받았다. 하여 어쩔 수 없이 스위스 제네바에서 맨 처음 발행되었고, 그 뒤 점차 필사되거나 등사되어 많은 사람들에게 읽히기 시작했다. 이 과정에서 톨스토이 자신이 내용을 정정하거나 교정하지 못해 책에 오류가 많고, 철학자가 아닌 문학가가 철학적인 내용을 다루었기 때문에 표현의 명료함이 떨어진다. 또한 난해한 내용이 많다는 점도 널리 알려진 사실이다.

하지만 차근차근 읽어나가다 보면 그 뜻을 이해하지 못할 것도 없다. 물론 지루한 반복이 다소 인내를 요구한다거나 말하고자 하는 취지가 일반 상식과는 다소 거리가 멀다는 느낌을 주기도 한다. 하지만 근본적으로 사리가 명백한 사상을 논하고 있기에 적어도 진지하게 인생을 생각하는 사람이라면 『인생론』의 밑바닥을 꿰뚫고 있는 참뜻을 쉽게 이해할 수 있으리라 본다. 더구나 독자들에게 어느 정도의 인내를 요구하는 반복적인 내용 또한 어찌 보면 인생에 대한 저자의 열의를 반영한 것이라고 볼 수 있다. 그리고 한 눈에 이해하기 힘든 문장이라도 앞뒤의 내용을 잘 살펴보면 어느새 그 참뜻을 이해하게 된다.

세계적인 유명 인사들이 이 작품을 읽은 뒤 자신이 가졌던 인생관을 버리지 않을 수 없었다고 밝히기도 했다. 이 일화만으로도 우리는 『인생론』이 얼마나 중요한 책인가라는 사실을 짐작할 수 있다.

그렇다면 이 책에 서술된 톨스토이의 사상은 무엇일까? 톨스토이는 인생을 선善에 대한 욕구로 보고 있다. 인생의 의의는 선에 대한 노력에 있다고 보는 것이다. 오직 선만이 인생의 목적이 될 수 있으며, 사람은 모두 이 목적을 향해서 나아가야 한다. 만일 톨스토이에게 인생의 목적을 달성할 수 있는 방법을 묻는다면, 아마 사랑에 의해서 이룰 수 있다고 대답할 것이다.

그렇다면 사랑이란 무엇인가? 이는 이성의 활동이다. 이러한 질문을 던지는 사람들이 제각기 가지고 있는 이성, 즉 신의 활동인 사랑으로써 선을 목표로 삼고 살아가는 노력을 톨스토이는 인생이라고 일컫는다.

톨스토이는 이러한 근본 사상이나 인생의 목적에서 벗어나는 것이면 어떠한 사색이나 사고도 가치가 없다고 단정지었다. 그리고 인생의 의의를 잘못 알고 있는 그릇된 과학과 사이비 종교를 꾸짖고, 개인적 행복과 참다운 행복의 차이점 및 동물적 생활과 합리적 생활의 차이점을 규명함으로써 사람은 이성에 의해서 살지 않으면 안 된다고 말하고 있다. 말하자면 우리의 개인적 생활, 즉 동물적 생활을 이성에 종속시키는 것에 참다운 인간 생활이 있다고 강조한다. 이 경우, 톨스토이 사상의 주된 특성이 되는 것은 그 목표를 현재에 두고 있다는 점이다. 다시 말해, 인생을 현세적으로 다루고 있는 것이다.

톨스토이는 자신의 사상이 단순한 사상으로 그치기를 원하지 않는다. 사상이 곧 실행이 되길 바란다. 그래서 그는 늘 같은 사랑을 말하더라도 사랑은 미래의 행위가 아니라, 현재에 있어서의 활동이라고 여긴다. 또한 사랑을 현재의 행위로써 표현하지 못하는 사람은 사랑을 갖고 있지 않은 사람과 똑같다고 말한다. 다시 말해, 톨스토이는 현재의 생활을 무시하고, 미래의 행복을 약속하는 것 같은 불합리한 일을 무척 싫어했다. 이런 점으로 미루어 볼 때 불교의 열반 사상涅槃思想과는 약간의 근본적인 차이가 있다.

톨스토이에 따르면, 사람은 자신을 위해서만, 자기 한 몸의 행복을 위해서만 살아서는 안 된다. 인류를 무시한 채 나만을 위하고, 나만의 행복만을 염두에 두고 살 경우, 그 행복은 서로 충돌해 어느 누구도 진정으로 행복해질 수 없다고 보는 것이다. 다시 말해 인생 최고의 목적은, 이성의 활동인 사랑으로 모든 사람에게 선을 베푸는 데 있으며, 거기에서 참다운 행복도 얻을 수 있다는 뜻이다.

한마디로 『인생론』은 톨스토이 사상을 정리한 것이지만, 이 책을 관통하고 있는 사상은 그의 단순한 사색의 결과만이 아니라 체험에서 우러나온 열매다. 겉으로 보면 그리 대단치 않은 것 같은 말이 독자로 하여금 그의 사상에 복종하지 않을 수 없게 만드는 힘은 모두가 체험에서 나온 것이다.

톨스토이는 이 책에서 삶과 죽음에 관한 자신의 견해를 털어놓고 있다. 앞에서 말한 것처럼 개인적인 생존을 인정하지 않는 그는 죽음이란 본래부터 없다고 말한다. 즉, 육체적 죽음은 있어도, 합리적 생활로서의 죽음은 있을 수 없다는 것이다. 이러한 견해 역시 톨스토이의 논리를 단순하게 나열한 것이 아니라 생생한 체험에서 우러나온 것이라 할 수 있다. 톨스토이의 일기를 보면 이런 사실을 확실히 알 수 있다. 사람은 개성적인 생명을 벗어나는 동시에 보편적인 생명으로 화한다는 그의 사고방식에는 종교적 색채가 매우 짙게 드러나 있는데, 이는 그리스도교 정신의 진수를 여지없이 파헤친 톨스토이의 인생관이 투영된 것이라고 볼 수 있다.

함현규

차례

부록

1장

사람은
어떻게 살아야
하는가?

살아간다는 것

LEV NIKOLAYEVICH TOLSTOI

사람에게 있어서 살아간다는 것은
자신의 행복을 바라고 얻으려는 과정에 불과하다.
역으로, 행복을 바라고 얻는다는 것은
살아가는 일에 지나지 않는다.

사람들은 모두 자신의 생활만을 위해서, 자신의 행복만을 위해서 살
아간다. 따라서 자신의 행복에 대한 갈망이 없는 사람은 살아 있다는
사실조차 느끼지 못하게 된다. 즉, 사람은 자신의 행복을 갈망하지 않
고서는 인생 자체를 생각할 수 없는 존재다.

사람에게 있어서 살아간다는 것은 자신의 행복을 바라고 얻으려는
과정에 불과하다. 역으로, 행복을 바라고 얻는다는 것은 살아가는 일
에 지나지 않는다.

사람은 오직 자기 자신을 통해서만 생명을 의식한다. 따라서 모든
사람이 바라는 행복은 단지 자신만을 위한 행복인 것처럼 보인다. 또

한 사람은 자신만을 살아가는 존재로 여기기 때문에 다른 사람의 생활이 자신의 생활과 같다고 느끼지 못한다. 즉, 다른 사람의 생활은 생명의 겉치레에 지나지 않는다고 여기는 것이다.

사람은 자신 이외의 존재에 대해서는 그 생활만을 관찰할 뿐이다. 그리고 이 관찰은 그 존재가 살아 있다는 사실을 아는 데 불과하다. 즉, 모든 사람들에게 있어서 참된 생명은 오직 자신의 생활뿐이다. 반면, 자신을 둘러싸고 있는 다른 존재의 생활은 자신의 생존과 관계된 어떤 한 조건에 불과하다.

어떤 사람이 다른 사람의 불행을 원하지 않는 이유는 단지 다른 사람이 괴로워하는 모습이 자신의 행복에 방해가 되기 때문이다. 또한 어떤 사람이 다른 사람의 행복을 원하는 경우는 자신의 행복을 바라는 경우와 전혀 다르다. 즉, 다른 사람의 행복을 원하는 경우는 진정으로 그 사람의 행복을 원하는 것이 아니라, 그 사람의 행복이 나 자신의 행복을 증대시키는 경우에 한한다. 따라서 우리 모두에게 소중하고 필요한 것은 오직 자신의 것이라고 느낄 수 있는 생명의 행복, 즉 자기 자신의 행복뿐이다.

하지만 자신의 행복을 달성하기 위해 노력하는 사람들이라고 해도 자신의 행복이 다른 존재에 의존하고 있다는 사실을 인정하지 않을 수 없다. 그리고 사람들은 다른 존재를 관찰하고 연구할 때마다 그 대상이 생명이라는 측면에서 보면 자신과 똑같은 존재라는 사실을 알게 된다. 그렇다고 해도 사람이든 동물이든 존재 하나하나는 자신의 생명이나 행복만을 의식하면서 살아가며, 자신의 생활만을 중요하고 참된 것이라고 생각한다. 또한 다른 존재의 생활은 단지 자기 자신의 행복을 위한 하나의 수단으로 생각할 뿐이다.

다른 생물들과 마찬가지로 사람은 자신의 조그마한 행복을 위해 좀 더 큰 행복을 희생할 수 있을 뿐 아니라, 경우에 따라서는 다른 존재의 생명을 빼앗고 이에 대해 후회하지 않아야 한다는 각오도 필요하다는 점을 잘 알고 있다.

이러한 관점에서 본다면, 사람들은 이 세상의 무수한 존재들이 모두 각자의 목적을 달성하기 위해, 즉 자신의 생명만을 유지하기 위해 상대가 누구든지 간에 희생시킬 수 있다고 상상할 수 있다. 거기에 나 자신도 포함될 수 있는 것이다. 또한 사람은 인생을 이해하는 유일한 열쇠인 자신의 행복이 손쉽게 얻어지는 것이 아닐 뿐 아니라, 오히려 남에게 빼앗길 수도 있다는 사실을 깨닫게 될 것이다. 이러한 깨달음은 사람이 오래 살면 살수록 더욱 명확해진다. 서로를 헐뜯고 침해하려는 개인들로 이루어진 이 세상의 생활이 자신에게는 행복이 될 수 없을 뿐 아니라, 오히려 큰 불행이 된다는 사실을 나이가 들어갈수록 더욱 절실하게 깨닫게 되는 것이다.

그런데 다른 사람들에게 만족하고 자신 이외에 두려울 것이 하나도 없다고 해도 문제는 생긴다. 즉 이성과 경험은, 개인의 쾌락으로 누리게 되는 인생의 행복이란 참된 행복이 아니라 단지 유사품에 불과하며, 쾌락에 따르는 고뇌를 더 강하게 느끼게 할 뿐이라는 사실을

살아간다는 것
·

말해준다.

나이가 들수록 쾌락은 점점 줄어들고 권태, 노고, 번뇌는 더욱 커진다는 사실을 누구나 분명히 알게 된다. 힘이 쇠퇴하고 건강이 약해졌다는 사실을 느끼기 시작하거나, 다른 사람의 질병, 노쇠, 죽음 등을 목격하게 되면, 그때까지 참되고 충실한 생명의 거처로 생각하던 자기 자신이라는 존재도 하루하루 쇠약과 노쇠와 사멸의 길로 접어들어가고 있다는 사실을 인정하게 된다. 또한 생명이 다른 존재에 의해 위협받는 사건을 접하거나 고통을 많이 당할수록 사람은 생명 자체의 본질에 의해 하루하루 죽음 가까이 다가간다는 사실을 인정하지 않을 수 없다.

뿐만 아니라 사람은 자신의 개성 안에서만 생명을 느끼게 되며, 싸우지 않으면 안 될 상대와 싸우고 있다는 것, 즉 전 세계를 상대로 싸움을 하고 있다는 사실을 인정하게 된다. 그 결과, 자신이 추구하는 쾌락은 단지 외관상의 행복에 지나지 않을 뿐 아니라 늘 고통으로 끝난다는 사실을 깨닫고 자신의 생활을 중단하려고 하지만 그럴 수가 없다. 그렇다 보니 사람은 자신의 개성이 생명이나 행복을 가질 수 없다는 사실을 깨닫게 된다.

그런데 생명과 행복은 사람이 느낄 수 없는, 즉 그 실재實在에 대해 알 수 없을 뿐 아니라 어느 누구도 알려고 하지 않는, 그래서 사람과 인연이 전혀 없는 존재다. 사람에게 무엇보다도 소중하고 필요하며 살아 있음을 느끼게 해주는, 하지만 나중에는 죽어서 흙이 되고 구더

기가 되어버릴 생명은 실제로 나 자신이 아니다. 따라서 사람들이 유일한 존재라고 느끼고 모든 활동의 원동력이 되는 생명은 마치 믿을 수 없는 거짓말쟁이와도 같다. 그럼에도, 사람의 외면에 존재하며 사랑하지도 않을 뿐 아니라 느껴지지도 않는 하나의 불투명한 생명만이 유일한 참된 존재로 간주되고 있다.

생명이라는 존재는 사람이 우울한 기분에 사로잡혀 있을 때만 머릿속에 떠오르는 것이 아니다. 이는 갖지 않아도 될 관념이 아니라 오히려 의심할 수 없는 분명한 진리다. 이 관념이 한 번이라도 마음속에 떠오르거나 이 관념에 대해 다른 사람의 설명을 들은 사람이라면 영원히 거기에서 벗어날 수 없을뿐더러 아무리 애를 써도 자신의 의식에서 이를 쫓아낼 수가 없다.

인류의 스승들이 말하는
"인생이란 무엇인가?"

LEV NIKOLAYEVICH TOLSTOI

인생이란, 사람들로 하여금 신의 법칙을 만들고 이를 지키면서
행복을 얻도록 하기 위해 신이 사람의 콧구멍에 불어넣은 입김이다.

유대의 현자

사람이 살아가는 유일한 목적은 자기 자신의 행복이다. 하지만 아쉽게도 개인을 위한 행복 따위는 존재하지 않는다. 행복과 비슷한 것을 가진 인생이라고 해도, 그 인생은 늘 고뇌와 해악, 그리고 죽음과 파멸의 구렁텅이로 끌려가게 마련이다. 이는 나이에 상관없이, 지식 정도에 상관없이 사물에 대해 생각할 줄 아는 사람이라면 누구든지 다 이해할 수 있는 명백하고 뚜렷한 현상이다.

"서로를 멸망으로 몰아넣거나 스스로 멸망하는 사람들로 가득한 이 세상에서 자기 자신만의 행복을 염두에 두는 생활은 해롭고 무의미하다. 참된 삶이란 결코 그런 게 아닐 것이다."

아주 오랜 옛날부터 사람들의 입에서 오르내린 말이다. 인간 생활의 내적 모순은 인도, 중국, 이집트, 그리스, 유대 등의 현인賢人들에 의해 강력하면서도 분명한 어조로 강조되어왔다. 그리고 이미 먼 옛날부터 인간의 이성은 인간 상호간의 생존 투쟁이나 고통, 죽음 등에 의해 깨질 염려가 없는 인류의 행복을 발견하기 위해 끊임없이 노력해왔다. 이러한 노력은 인간이 인생의 의미를 깨닫기 시작한 이후 인류가 끊임없이 진보했기 때문에 가능한 일이었다.

먼 옛날부터 인류의 위대한 지도자들은 인생을 여러 가지 방법으로 정의 내림으로써 인간의 내적 모순을 해결하고, 인류에게 올바른 생각과 참된 인생이 무엇인지를 가르쳐왔다. 하지만 이 세계의 모든 사람들의 위치가 동일하고, 행복에 대한 갈망과 이것이 불가능하다고 여기는 의식 사이의 모순 역시 누구에게나 동일하므로, 가장 위대한 지식인들이 인류에 계시한 참된 행복, 즉 참된 인생에 대한 모든 정의도 본질적으로는 동일해야 한다고 생각한다.

인생이란, 인류의 행복을 위해 하늘에서 내려온 광명의 편조遍照다.
— 공자

인생이란, 끊임없이 점점 더 큰 행복에 도달하려는 영혼의 순례이자 완성이다. — 바라문교도

인생이란, 행복의 열반에 이르기 위한 자기 부정否定이다. — 붓다

인생이란, 행복에 도달하기 위한 유화(柔和, 성질이 부드럽고 온화함)와

인종(忍從, 묵묵히 참고 좇는 일)의 길이다. — 노자

인생이란, 사람들로 하여금 신의 법칙을 만들고 이를 지키면서 행복을 얻도록 하기 위해 신이 사람의 콧구멍에 불어넣은 입김이다.

— 유대의 현자

인생이란, 사람에게 행복을 주는 이성을 따르는 것이다.

— 스토아학파 사람들

인생이란, 사람에게 행복을 가져다주는 신이나 이웃 사람에 대한 사랑이다. — 그리스도

이와 같은 인생에 대한 정의는 수천 년 동안, 불가능하거나 그릇된 개인적 행복 대신 참된 행복을 지적하면서 인간 생활의 모순을 해결하기 위해 참된 행복에 합리적 의의를 부여하고 있다. 사람들은 이러한 인생의 정의를 부인할 수도 있으며, 반대로 한층 더 정확하고 분명하게 표현할 수도 있다. 그렇다고 해도 이러한 정의들이 인생의 모순을 제거했을 뿐 아니라, 사람들이 도달할 수 없는 개인적 행복에 대한 동경 대신 고통이나 죽음에 의해서도 없어지지 않는 참된 행복의 길을 보여줌으로써 인생에 합리적 의의를 부여하고 있다는 사실은 아무도 부정할 수 없다. 또한 이러한 정의는 이론적으로 옳을 뿐 아니라, 인생의 경험에 의해서 확인된 것으로, 이 인생의 정의를 받아들인 수천만 명의 사람들은 개인적 행복에 대한 동경 대신 죽음이나 고통에 의해서도 결코 깨어질 수 없는 참된 행복을 동경해왔으며, 지

금도 동경하고 있다는 사실을 인정할 수밖에 없다.

　그런데 문제는, 인류의 위대한 선구자들의 인생에 대한 정의를 제대로 이해하고 그에 맞게 살아가는 사람들이 있는 반면, 전 생애를 오로지 동물적인 생활로만 일관하고 인생의 모순을 알거나 해결하려는 노력 없이 하루하루를 살아가는 사람들이 늘 많았으며, 지금도 여전히 많다는 점이다. 이런 사람들 중에는 자신의 외적 지위를 악용해서 자신을 마치 인류의 지도자인 양 떠벌리고, 인간 생활의 의미도 알지 못하는 주제에 남에게 인생에 대해 가르치면서 인간 생활을 개인적인 것으로 여기도록 만드는 이들도 적지 않다.

　이러한 사이비 스승은 언제나 존재했으며, 물론 지금도 곳곳에서 만날 수 있다. 그들 가운데 어떤 사람은 인류의 위대한 지도자들의 교의教義를 전파하면서도 교의의 합리적 의미를 이해하지 못하고 있다. 그래서 그 교의를 인류의 과거 및 미래의 생활에 관한 초자연적인 계시로 내세우면서 사람들에게 형식적인 의례를 실행하라고 요구하기도 한다. 이것은 극히 넓은 의미로서의 바리새인('분리된 자'라는 뜻으로, 사두개파, 에세네파, 바리새파는 유대의 3대 계파 가운데 하나. 이들은 율법을 매우 중시하는 사람들로, 지나친 율법주의에 빠져서 참다운 사랑을 베풀지 못해 예수에게 책망을 받기도 했다 — 옮긴이) 교의에 해당한다. 즉, 형식적 의례를 지키는 내세에서의 신앙만 있으면 혼자서도 능히 메워나갈 수 있는 사람들의 교의에 불과한 것이다.

　또 어떤 사람은 눈에 보이는 생활 이외에는 인생의 모든 가능성을 인정하지 않는다. 이들은 모든 기적과 초자연적인 현상을 부정하면서 인생은 탄생에서부터 죽음에 이르기까지 동물적 생존 이외에 아무것도 아니라고 용감히 단정 짓는다. 이는 동물로서의 인간 생활에는 불합리한 것이 하나도 없다고 가르치는 일부 학자들의 교의다.

이 두 가지 경우의 사이비 스승은 인간 생활의 근본적인 모순을 이해하지 못한 상태에서 늘 논쟁을 일삼았으며, 지금도 논쟁을 하고 있다. 오늘날 이 두 개의 교의는 세계를 지배하고 있으며, 서로 적의를 품은 채 자신들의 쟁론爭論으로 세계를 떠들썩하게 만들고 있다. 그리고 이런 쟁론을 내세움으로써 이미 수천 년 전에 인류에게 부여된, 인간을 참된 행복의 길로 인도하는 인생의 정의를 사람들이 볼 수 없도록 철저히 가리고 있다.

바리새인들은 이러한 환경 속에서 성장하며 인류의 스승들이 내린 인생의 정의를 이해하지 못한 채 그들의 교의를 미래 생활에 대한 잘못된 가르침으로 보고 있다. 또한 인류의 스승들이 내린 인생의 정의를 모든 사람들이 알 수 없도록 감추기 위해 교의를 멋대로 변형시켜서 소개할 뿐 아니라, 이렇게 멋대로 해석한 교의를 절대적 권위를 지닌 것처럼 가르치고 있다. 그리고 바리새인들은 인류의 스승들이 내린 합리적인 인생의 정의가 가지는 일관성을 교의의 진실성을 입증할 만한 좋은 증거로 보지도 않는다. 일관성을 인정하면 자신들이 멋대로 해석해놓은 교의가 불합리하다는 사실을 인정하는 것이 되는 만큼 자신들에 대한 신뢰가 한꺼번에 사라질 수 있기 때문이다.

하지만 일부 학자들은 바리새인들의 교의가 합리적 근거를 가지는지에 대해서는 전혀 생각하지 않고 있으며, 미래 생활에 대한 모든 교의를 부정하는 동시에 대담하게도 이러한 교의는 모두 아무런 근거도 없는 미개한 시대의 조잡한 잔재殘滓에 불과하다고 단정 짓고 있다. 또한 인류의 진보는, 인간이 동물적 존재라는 영역을 초월해서는 어떠한 인생 문제도 인간에게 부과되지 않는다는 생각에서 성립한다고 말하고 있다.

인생은 눈에 보이는 것만이 다가 아니다

LEV NIKOLAYEVICH TOLSTOI

요즘 지식인들은 눈앞에 보이는 것만 이해하고
이것으로써 인생의 정의를 내린다.
자기 앞을 지팡이로 더듬어보고 그 지팡이가 닿은 것 이외에는
아무것도 없다고 단정 짓는 맹인과 무엇이 다른가!

위대한 인류의 스승들이 내린 가르침은 그 위대함으로 인해 매우 많
은 사람들을 놀라게 했으며, 이런 이유로 평범한 사람들은 그들을 초
자연적이며 반신적半神的인 존재로 여기게 되었다. 이러한 사실은 인
류의 스승들이 내린 교의가 얼마나 중요한지를 말해주는 증거라고
할 수 있지만, 일부 학자들은 그들의 교의가 불합리하고 낡아빠졌다
는 사실을 증명하는 증거일 뿐이라고 단정 짓는다(적어도 그들은 그렇게
생각하고 있는 것이다).

아리스토텔레스, 베이컨, 칸트, 기타 여러 사람들의 보잘것없는 교
의가 그들의 소수 독자나 숭배자들에 의해 하나의 유산으로 전해져

인생은 눈에 보이는 것만이 다가 아니다
·

내려왔고 지금도 여전히 남아 있지만, 그 근본적인 오류로 인해 대중에게 감화를 줄 수는 없었다. 그래서 그들의 주장은 터무니없이 변형되거나 과장되지 않았다. 이는 곧 그들의 주장이 보잘것없다는 증거이지만, 오히려 그들의 진실성을 반증하는 것으로 간주되고 있는 실정이다. 그러나 이들과는 달리 바라문, 석가, 조로아스터, 노자, 공자, 이사야, 그리스도 등의 교의는 단지 수천만 민중의 생활에 큰 변화를 주었다는 이유만으로 미신 또는 미혹이라는 말을 듣고 있다.

이러한 미신은 다소 왜곡된 상태에서도 인생의 참된 행복이라는 문제에 대해 해답을 내놓고 있기 때문에 수십억 명이나 되는 사람들이 이 미신을 믿으며 생활해왔고, 지금도 그렇게 생활하고 있다. 또한 이들의 교의는 모든 시대의 뛰어난 사상가들과 연결되어 있을 뿐 아니라 사상의 토대를 이루고 있다. 하지만 일부 학자들에 의해서 인정되고 있는 교의는 단지 학자들이 마음대로 정한 것들이어서 늘 비난의 대상이 되었고, 때로는 채 10년도 되기 전에 사람들 사이에서 잊히고 말았다. 이런 사실에 대해 학자들은 별로 신경 쓰지 않고 있다.

현대 사회가 추구하는 지식의 그릇된 방향은 옛날부터 인류를 지도해왔으며, 오늘날에도 그러하다. 여러 종류의 연감에 나와 있는 통계에 따르면, 이 지구상의 종교는 모두 천 종류를 넘는다. 이들 종교에는 우리가 잘 알고 있는 불교, 바라문교, 유교, 도교, 기독교 등도 포함된다. 하지만 천 개가 넘는 종교는 거의 무의미하다. 그렇다면 어째서 이런 무의미한 종교들을 연구하는 것일까?

요즘 지식인들은 스펜서나 헬름홀츠 등의 최근 말을 모르면 무슨 치욕이나 되듯이 생각하지만 바라문, 석가, 공자, 맹자, 노자, 에픽테토스, 이사야 등에 대해서는 이름 정도만 알고 있을 뿐이다. 그리고 오늘날 제 구실을 하는 종교는 천 개 가운데 고작 세 개 정도다. 인도의 불교, 중국의 유교, 헤브라이의 기독교(마호메트교도 포함)가 그것인데, 요즘 지식인들은 이 종교들에 전혀 관심도 갖지 않는다.

이들 종교와 관련한 책은 불과 5루블밖에 하지 않으며, 2주일 정도면 통독할 수 있다. 하지만 요즘 지식인들은, 전 인류가 이들 종교의 교의에 따라 오늘날까지 살아왔고 현재도 그렇게 살고 있다는 사실에도 불구하고, 이들 종교와 관련된 책 속에 인류의 여러 지혜가 담겨 있다는 사실을 전혀 알려고도 하지 않는다. 이 세 종교의 교의를 아는 사람은 전문적인 몇 사람에 불과하며, 직업적인 철학자들은 관련 책들을 거의 거들떠보지도 않는다. 그렇다면 왜 그들은 인생의 모순을 해결함으로써 인간의 참된 행복과 생활을 규정해준 종교에 대해서 연구하지 않는 것일까? 요즘 지식인들은 합리적인 생활의 근원에 담긴 모순을 깨닫지 못한 채 대담하게도 모순은 있을 리 없다고 단언한다. 왜냐하면 그들은, 인간은 단지 동물적 존재에 불과하다고 여기기 때문이다.

요즘 지식인들은 눈앞에 보이는 것만 이해하고 이것으로써 인생의 정의를 내린다. 자기 앞을 지팡이로 더듬어보고 그 지팡이가 닿은 것 이외에는 아무것도 없다고 단정 짓는 맹인과 무엇이 다른가!

생명, 있다가 없어져버리는 것

LEV NIKOLAYEVICH TOLSTOI

사람이 살아 있다는 것은
태어나서부터 죽음에 이르기까지의 과정 동안
동물의 몸뚱이에서 일어나는 일이
사람에게도 똑같이 일어난다는 의미다.

"사람이 살아 있다는 것은 하나의 생물이 태어났다가 죽기까지의 과정에서 일어나는 현상에 지나지 않는다. 즉 사람이 태어나고, 개가 태어나고, 말이 태어나는 일은 각각 자신만의 몸뚱이를 갖고 생겨난 것에 불과하다. 그리고 이 특유한 몸뚱이는 한동안만 살다가 죽게 마련이다. 이렇게 죽은 몸뚱이는 분해되어 다른 물질로 변함으로써 그 생물은 영영 없어져버린다. 즉, 생명이 있다가 없어져버리는 것이다. 반대로 개나 말이 살아 있다는 것은 심장이 고동치고, 호흡이 이루어지고, 몸뚱이가 분해되지 않았다는 뜻이다. 심장이 박동을 멈추고, 호흡이 멎고, 몸뚱이가 분해되기 시작하는 것이 곧 죽음이다. 이와 마찬가지로 사람이 살아 있다는 것은 태어나서부터 죽음에 이르기까지의 과정 동안 동물의 몸뚱이에서 일어나는 일이 사람에게도 똑같이 일어난다는 의미다. 이보다 더 분명한 것이 또 어디에 있단 말인가!"•

　동물적인 상태에서 겨우 벗어난 듯한 극히 유치하고 미개한 사람들은 생명에 대해 늘 이처럼 생각해왔고, 지금도 그렇게 생각하고 있다. 오늘날 많은 과학자들도 이처럼 유치하고 원시적인 견해가 유일한 진리라고 믿으며 내세우고 있는 실정이다. 이와 같은 그릇된 교의는, 인류가 지금까지 획득해온 외적 지식의 온갖 기능을 악용함으로써 인류가 수천 년에 걸쳐 간신히 벗어난 무지몽매한 암흑 속으로 다시 한 번 인간을 밀어넣고 있다.

• 자신의 지위를 명확히 앎으로써 연구할 대상을 정확히 알고 강한 영향력을 행사하는 참된 과학은 결코 이런 말을 한 적이 없다. 물리학은 힘의 법칙이나 관계에 대해서는 설명하고 있지만, 힘이 무엇인지에 대한 문제는 언급하지 않을 뿐 아니라, 힘의 본질을 설명하려고도 하지 않는다. 화학은 물질의 관계에 대해서는 설명하지만, 물질이란 무엇인지에 대한 문제는 언급하지도 않을 뿐 아니라 그 본질에 대한 정의를 내리려고도 하지 않는다. 생물학은 생명의 형태에 대해서는 설명하지만, 생명이란 무엇인지에 대한 문제는 언급하지 않을 뿐 아니라 그 본질을 정의하려고도 하지 않는다. 그래서 힘, 물질, 생명 등은 진정한 과학 분야에서 하나의 연구 자료로 받아들여지는 것이 아니라, 지식의 다른 분야에서 공리公理로 내세운 하나의 초석礎石으로 받아들여지고 있다. 진정한 과학은 대상에 대해서 이러한 관찰법을 취하고 있다. 이 정도의 진정한 과학이라면 대중에게 해로운 감화를 주어 무지의 세계로 이끌어가는 일은 결코 없다.
그러나 현대 과학의 오만하고 그릇된 연구는 연구 대상에 대해 이러한 관찰법을 취하고 있지 않다. 그들은 "우리는 물질도, 힘도, 생명도 연구한다. 우리가 이것들을 연구하고 있는 이상, 이를 알 수밖에 없다."고 말한다. 그들은 자신들이 연구하는 것은 물질도, 힘도, 생명도 아니며, 단지 그들의 관계와 형태에 지나지 않음을 생각하지 못하고 있는 것이다.

지금의 지식인들은, 우리 모두는 자신의 의식 안에서 스스로 생명을 정의할 수 없다고 강조하면서 지식인들이 내세우는 교의를 강요하고 있다. 우리가 가진 의식을 헤아려본다면 우리는 그들의 교의에 현혹될 수밖에 없다. 우리의 의식에는 행복에 대한 동경만이 담겨 있고 이것이 우리를 생활하게 만들지만, 이 행복이라는 관념은 속기 쉬운 환영에 지나지 않기 때문에 이러한 의식 속에서는 도저히 생명을 이해할 수가 없다. 생명을 이해하기 위해서는 단지 물질의 운동에서 빚어지는 현상만을 관찰할 수밖에 없다. 우리는 이 관찰과 거기에서 비롯되는 법칙에 의해서만 생명의 법칙 또는 인생의 법칙을 발견할 수 있는 것이다.

이와 같은 그릇된 학설을 주장하는 지식인들은 인간의 의식 속에서만 알 수 있는 생명이라는 개념을 그 의식의 일부분인 동물적 존재에 적용시켰다. 즉, 요즘의 지식인들은 처음에는 동물적 존재로서의 사람, 그다음에는 일반 동물, 또 그다음에는 식물과 물질에서 생명 현상을 관찰하고 연구하기 시작했으며, 이제 자신들이 관찰하고 연구하는 것은 두세 가지 생명 현상이 아니라 생명 그 자체라고 주장하고 있다. 여기에서 말하는 관찰은 무척이나 복잡하고 다양하며 혼돈되어 있을 뿐 아니라, 거기에 소모된 시간과 노력도 지대하다. 그러다 보니 사람들은 점차 사물의 일부를 전체라고 생각하게 되었고, 마침내 물질, 식물, 동물의 외면적 특징을 연구하는 일이 생명 자체에 대한 연구라는 확신을 갖기에 이르렀다.

이는 마치 어둠 속에서 어떤 물건을 보여준 뒤 보여주는 사람의 그릇된 행동을 계속하여 끌고 나가려는 짓과 똑같다. 어둠 속에서 물건을 보여주는 사람은 "절대 다른 곳을 봐서는 안 됩니다. 내가 보여주는 것 이외에는 절대 보지 마십시오. 특히 빛이 나는 발광체는 절대로 봐서는 안 됩니다. 왜냐하면 그런 발광체 따위는 본래 존재하지 않으며, 단지 그것의 반사물만 존재하기 때문입니다."라고 말한다.

어리석은 대중과 영합하는 오늘날의 그릇된 과학자들도 이와 같은 말들을 한다. 그릇된 과학자들은 인간의 의식 속에서만 발견되는 행복에 대한 갈망을 무시한 채 인생을 검토하려고 한다(부록 1 참조). 즉, 행복에 대한 갈망과는 관계없는 인생의 정의를 내린 뒤 그 정의에서 인류의 목적을 관찰하고, 인간과는 관계없는 목적을 찾아내 그것을 사람들에게 강요하고 있는 것이다.

이와 같은 외적 관찰에 의해 성립된 인생의 목적은 개성의 보존, 자기 형태의 보존, 같은 종족의 산출產出, 그리고 생존을 위한 투쟁 등이다. 이러한 가공적인 인생의 목적이 사람들의 마음을 사로잡고 있는 것이다.

인생의 주요 특성이라고 할 수 있는 인간 생활의 모순을 도외시한 채 케케묵은 인생관을 출발점으로 하고 있는 그릇된 과학은 어리석은 대중이 요구하는 개인의 행복만이 가능하다고 결론 내렸다. 이로 인해, 인간에게는 동물적 생존만이 곧 행복을 보장한다고 인정하는 사태가 발생한 것이다.

과학은 대중의 요구에 알맞게 설명되어야 하는데도, 사이비 과학은 어리석은 대중의 요구를 넘어서는 설명을 내세우려는 경향이 있다. 즉, 인간의 합리적 의식을 부정하고, 모든 동물의 생활과 마찬가지로 인간의 생활도 개인이나 종족 및 형태의 생존 경쟁에 지나지 않는다고 결론 내리고 있는 것이다(부록 2 참조).

사회생활과 습관

LEV NIKOLAYEVICH TOLSTOI

사람은 매일 자신이 해낼 수 있는 온갖 행위 가운데
반드시 해야 할 일들을 끊임없이 선택해야 한다.
그런데 사람은 행위를 선택하는 데 있어서 일정한 지침이 없으면
살아갈 수가 없다.

그릇된 교의를 지지하는 사람들은 "인생을 정의한다는 것은 쓸데없
는 짓이다. 누구나 인생을 알고 있다. 이것으로 족하다. 우리는 단지
살아가기만 하면 되는 것이 아닌가!"라고 말한다. 인생이 무엇인지,
인생의 행복이 무엇인지 모르는 그들에게는 이것이 곧 살아가는 방
법이다. 이는 마치 흐르는 물에 몸을 맡긴 채 방향을 제대로 잡지 못
하고 있는 사람이 자기는 지금 가고 싶은 곳으로 가고 있다고 생각하
는 것과 같은 이치다.

가난한 집이나 부잣집에서 태어난 어떤 아이가 바리새식이나 그와
비슷한 방식의 교육을 받는다고 가정해보자. 이 아이에게는 아직 인

생의 모순뿐 아니라 인생에 대한 어떠한 문제도 존재하지 않는다. 따라서 바리새식 설명이나 그와 비슷한 성향을 가진 학자들의 설명이 아이에게는 필요하지 않으며, 또한 아이의 생활을 지도할 수도 없다. 아이는 단지 자신의 주위에서 생활하고 있는 사람들을 본보기로 삼아 살아갈 뿐이다. 그런데 이때의 본보기는 바리새식이나 그와 비슷한 성향을 지닌 학자들의 교육과 조금도 다르지 않다. 대부분의 사람들이 단지 개인의 행복만을 염두에 두고 생활하고 있으며, 이러한 생활을 다른 사람들에게 가르치고 있다.

만일 아이가 가난한 집안에서 태어났다면, 아이는 부모에게서 인생의 목적은 되도록 조금 일하고 빵과 돈을 많이 모아서 동물적 자아를 만족시키는 것이라고 배우게 된다. 만일 아이가 부잣집에서 태어났다면, 아이는 부모에게서 유쾌하고 즐겁게 소일하기 위해서 재물과 명예를 얻어야 한다고 배우게 된다.

가난한 사람이 얻는 모든 지식은 오직 그 자신이 더 행복해지기 위해 필요한 것이다. 부유한 사람이 얻는 모든 과학과 예술에 대한 지식은 자신의 권태를 정복하고 즐겁게 소일하기 위해서만 필요하다. 하지만 바리새식 교육을 받은 이 두 경우의 사람들은 오래 살면 살수록 세속적인 사람들을 지배하고 있다는 생각에 물들게 된다. 결혼해 가정을 꾸리는 순간부터 동물적 생활의 행복을 찾으려는 갈망이 점점 더 강해지고, 다른 사람들과의 투쟁이 더욱 치열해지며, 오직 개인의 행복만을 위해서 생활하려는 관습인 '타성'이 확립된다.

물론 이들도 생활의 합리성에 대한 의문, 즉 자신의 자손들에게도 계속될 것 같은 목적 없는 생존 경쟁의 필요성과 나중에는 자신이나 자손들에게도 고통의 씨앗이 될 꿈같은 쾌락을 추구하는 것이 과연 무슨 의미를 지닐까라는 의문을 가질 수 있다. 하지만 이런 의문이 생기더라도 수천 년 전에 그들과 똑같은 상태에 있던 위대한 인류의 스승들이 가르쳐준 인생의 정의를 그들이 알게 될 가능성은 거의 없다. 바리새식이나 그와 비슷한 성향을 가진 학자들의 가르침이 그들의 눈을 일일이 가리고 있기 때문에 인생의 정의를 알게 되리라는 상상은 좀처럼 하기 어렵다.

바리새인들은 "무엇 때문에 이런 불행한 생활을 하는 것입니까?"라는 질문에 "인생이란 원래 불행한 것입니다. 인생의 행복은 현재에는 없으며, 세상에 태어나기 이전의 과거와 죽어서 생활이 끝난 내세來世에만 있을 뿐입니다."라고 대답한다. 그리고 바라문교도, 승려, 유교도, 유대교도, 그리스도교적인 바리새파派도 언제나 같은 말을 한다. 현재의 생활은 악이며, 이 악의 원인은 과거, 즉 세계와 인간이 출현했던 태초에 있다고 말이다. 그리고 현세의 악에 대한 속죄는 내세에 있는 무덤의 피안에 있으며, 이 내세의 생활에서 행복을 얻기 위해 사람이 할 수 있는 일은 그들이 말하는 가르침을 믿고 그들이 명하는 의식을 실행하는 것이라고 말이다.

그런데 개인의 행복을 위해 살아가는 사람 또는 그와 비슷한 행복을 추구하며 살아가는 바리새인의 생활을 본 사람 가운데 그들의 진실성에 대한 의문을 가진 사람들은 그들이 던진 대답의 의미를 깊이 캐묻지도 않을 뿐 아니라 그들을 온전히 믿지도 않기 때문에 학자들에게 달려간다.

학자들은 다음과 같이 주장한다. "동물적인 측면에서 찾아볼 수 없는 우리의 생활에 대한 모든 가르침은 무학 무지의 소치다. 당신의 생활에 있어서 합리성에 대한 모든 의혹은 쓸데없는 공상에 불과하다. 우주의 생활, 지구의 생활, 인간의 생활, 동물의 생활, 식물의 생활에는 각각 법칙이 있다. 우리는 그것을 탐구해 우주의 기원, 인간의 기원, 동·식물의 기원, 그 밖의 만물의 기원을 연구하고 있다. 또한 우리는 태양이 어떻게 냉각되고 있는지를 비롯해 사람이나 모든 동·식물이 과거에는 어떠했으며, 또 미래에는 어떻게 될 것인지에 대해서도 연구하고 있다. 우리는 만물이 우리의 말처럼 되어 있었다는 사실과 또 그렇게 되리라는 것도 입증할 수 있다. 뿐만 아니라 우리의 연구는 인간의 행복을 증진시키는 데도 크게 공헌하고 있다. 그러나 당신의 생활과 당신이 갈망하는 행복에 대해서는 당신이 이미 알고 있는 것 이외에는 덧붙여 말할 것이 없다. 당신은 현재 살아가고 있으므로, 결국 우리는 되도록 잘 살아나가라고 말할 수밖에 없다."

따라서 자신의 의문에 대해 바리새인이나 그와 비슷한 성향을 가진 학자들에게서 해답을 얻지 못한 사람은 자신의 생활에 도움이 될 만한 아무런 지침도 갖지 못한 채 지금까지 살아왔던 것처럼 살아갈 수밖에 없는 것이다.

　의문을 지녔던 사람들 가운데 어떤 이들은 파스칼의 의견에 따라 스스로에게 "바리새파 사람들이 자신들의 지시를 이행하지 않으면 벌을 받는다고 위협한다는 것이 정말일까?"라고 묻곤 한다. 이런 생각을 가진 사람은 틈을 타서 바리새파의 지시를 모조리 실행해본다 (별로 손해될 것은 없다. 어쩌면 큰 이익을 볼지도 모른다). 하지만 다른 사람들은 학자의 주장에 찬성해 현세 이외의 생활과 모든 종교적 의식을 부정한 채 "나만 이렇게 사는 게 아닌데 뭐. 옛날부터 사람들은 모두 이렇게 살아왔고, 지금도 이렇게 살고 있단 말이야. 될 대로 되라지."라고 중얼댄다. 물론 이 두 가지 경우에 우열의 차이는 없다. 즉, 전자도 후자도 모두 현재 생활의 의미에 대해서는 아무런 설명도 내놓지 않고 있는 것이다.

　그러나 인간은 살아야 한다. 인간의 생활은 아침에 일어나서부터 밤에 잠자리에 들기까지 여러 가지 행위의 연속이다. 사람은 매일 자신이 해낼 수 있는 온갖 행위 가운데 반드시 해야 할 일들을 끊임없이 선택해야 한다. 하지만 천국 생활의 신비를 설명하는 바리새파의 가르침이나, 세계와 인간의 기원을 연구해 미래의 운명에 대해 결론 내리고 있는 학자들의 가르침은 행위를 선택하는 데 지침이 되지 못한다. 그런데 사람은 행위를 선택하는 데 있어서 일정한 지침이 없으면 살아갈 수가 없다. 그래서 사람은 어쩔 수 없이 이성적 판단을 떠나서 인류의 여러 사회에 늘 존재해왔고, 또 현재에도 존재하는 생활의 외적 지침을 따르는 것이다.

합리적으로 설명할 수는 없지만, 이 지침은 모든 사람들의 행위 대부분을 지배한다. 이 지침은 사회생활에서의 인간의 습관을 가리키며, 사람들을 지배하는 지침의 힘이 강하면 강할수록 사람들은 자기 생활의 의미에 대한 이해가 점점 더 줄어든다. 하지만 이 지침을 명확히 표현할 수는 없다. 지침은 사실과 행위로 이루어져 있어서 때와 장소에 따라 다르기 때문이다. 즉, 지침은 중국인들이 선조의 위패에 켜놓은 촛불인 동시에 마호메트교도의 성지 순례다. 지침은 인도인이 외우는 여러 가지 기도문인 동시에 군기軍旗에 대한 군인의 충성과 군복에 대한 영예이며, 사교인들 사이의 질투이고, 미개인들의 친척 싸움이다. 지침은 어느 기간 동안의 일정한 음식이며, 자기 아이들에 대한 어떤 교육이다. 지침은 집안에 있는 장식이고, 장례식, 출산, 결혼식 등의 일정한 축제다. 지침은 모든 생활을 채우고 있는 사건과 행위의 무한량이다. 그리고 지침은 예의 또는 관습이라고 일컬어지는 것, 아니 일반적인 의무, 신성한 의무라고 불리는 것들이다.

지금 대부분의 사람들은 바리새파나 이와 비슷한 성향을 지닌 학자들의 인생에 대한 설명뿐 아니라 이러한 지침도 따르고 있다. 우리는 어디를 가든지, 어렸을 때부터 자기 주변에 대해 합리적인 해명을 전혀 하지 못하면서도 충분한 확신을 갖고 위엄 있게 이런 일들을 실행하는 사람들을 보게 된다. 그럼 우리는 그 사람과 똑같이 실행할 뿐 아니라 이러한 행위에 합리적인 의미를 부여하려고 노력한다. 이런 행위를 하는 사람은 저마다 확실한 이유를 갖고 있다고 생각하기 때문이다.

또한 우리는, 자신은 이러한 사실을 잘 알지 못하지만 적어도 이런 행위를 하는 사람들은 잘 알고 있을 것이라고 생각한다. 그런데 다른 사람들도 대부분 우리와 마찬가지여서 인생에 대해 합리적인 해명을 하지 못한다. 즉, 그 사람들 역시 자신 이외의 사람들은 인생에 대해 합리적인 해명을 지니고 있으며, 이를 실천할 것을 자신들에게 요구하고 있다고 생각한다. 따라서 사람들은 서로를 속여가면서 합리적인 설명이라고는 전혀 찾아볼 수 없는 일들을 실행하는 데 점점 더 익숙해질 뿐 아니라, 그런 행위들에 일종의 신비롭고 알 수 없는 의미를 덧붙이는 데 적응해가고 있는 것이다. 그리고 자신들이 실행하는 일들의 의미를 이해하면 할수록, 실행하는 일들이 의아스러우면 의아스러울수록 그들은 점점 더 이것을 소중하게 여기고, 점점 더 장중하게 실행한다. 그래서 결과적으로 부자든 가난한 자든 주위 사람들이 하는 것을 보고 그대로 실행하고 있다.

사람들은 이러한 일이 오랜 옛날부터 많은 사람들에 의해 실행되고 높게 평가되었기 때문에 인생의 참된 과업일 수밖에 없다는 생각으로 자기 자신을 위로하고, 또 이것을 신성한 의무로 여기고 있다. 그리고 자신은 왜 사는지를 몰라도 다른 사람들은 알고 있을 것이라고 억지로 믿으면서 죽을 때까지 살아가는 것이다. 다른 사람들 역시 우리처럼 자신 이외의 사람들에게 의지하면서 살아간다는 사실을 모르면서 말이다.

사람은 새로운 존재로 이 세상에 태어나고 성장한다. 그리고 인생
이라는 생존의 혼란 과정을 바라보고, 이 무의미한 행동이야말로 바
로 인생이라는 확신을 가진 채 인생의 입구에서 혼란스러워하다가
뒤로 물러선다.

우리는 지금 산을 깎아내고, 세계 각국을 날아다닌다. 그렇다면 전
기, 현미경, 전화, 전쟁, 의회, 자선사업, 당파 싸움, 학회, 박물관 등이
인생이 아닐까? 그런 점에서 본다면 무역, 전쟁, 교통, 과학, 예술 등
에 종사하는 사람들의 뒤얽힌 활동은 대부분 인생의 출입구에 모여
있는 어리석은 군중의 혼란에 지나지 않는다.

무엇을 위해 살아야 하는가?

LEV NIKOLAYEVICH TOLSTOI

“무엇 때문에 사는지도 모르면서 다른 사람이 하는 대로 따라서 살아야 하나?”
다른 사람 역시 나와 마찬가지로
자신이 무엇 때문에 사는지 모른다는 사실을 나는 알고 있지 않은가?

요한복음 5장 25절에 “진실로 내가 너희에게 이르노니, 죽은 자들이 하나님 아들의 음성을 들을 때가 오니 지금이 곧 그때라. 듣는 자는 살아나리라.”라는 말이 나온다. 바야흐로 그때가 다가오고 있다.

사람의 생활은 무덤 저쪽, 즉 죽은 후에야 행복하고 합리적이라는 사실과 오직 개인적 생활만이 행복하고 합리적이라는 사실을 스스로에게 설득하려고 해도, 또한 다른 사람이 그렇다고 설득하려고 해도 사람들은 이것을 믿으려 하지 않는다. 누구나 마음속 깊이 자신의 생활이 행복으로 가득하길 바랄 뿐 아니라 그것에 합리적 의의를 부여하고 싶다는 욕구를 저버리지 못한다. 그리고 무덤 저쪽의 생활이나 불가능한 개인적 행복 이외에 다른 어떤 목적을 지니지 않은 생활은 해롭고 무의미하다고 생각한다.

　사람들은 속으로 "현재의 생활을 위해서 살아야 하나?"라고 중얼거린다. 그러나 자신이 알고 있는 생활의 유일한 표본인 이 생활, 즉 자신의 현재 생활이 무의미하게만 느껴진다면, 어느 누구도 이 밖의 다른 합리적인 생활이 있다고 증언할 수가 없다. 오히려 인생은 본질적으로 무의미해서 이 무의미한 것 이외에는 다른 어떤 생활도 있을 수 없다고 확증해야 할 것이다.

　"자기 자신을 위해서 살아야 하나?" 그렇다면 한번 보자. 개인적인 생활은 해롭고 무의미하다. 그렇다면 "자기 가족을 위해서 살 것인가? 사회를 위해서 살 것인가? 조국이나 전 인류를 위해서 살 것인가?" 하지만 개인적인 생활이 불행하고 무의미하다면 다른 모든 개인적인 생활 역시 무의미해질 수밖에 없다. 따라서 무의미하고 불합리한 개인 생활을 제아무리 누려봤자, 행복하고 합리적인 생활이 이루어질 리가 없다. "무엇 때문에 사는지도 모르면서 다른 사람이 하는 대로 따라서 살아야 하나?" 그렇다면 한번 보자. 다른 사람 역시 나와 마찬가지로 자신이 무엇 때문에 사는지 모른다는 사실을 나는 알고 있지 않은가?

　그래서 이제야 합리적 의식이 그릇된 가르침을 제치고 인생의 도정道程에서 발길을 멈춘 뒤 적절한 설명을 요구할 때가 온 것이다(부록 3 참조). 단, 다른 사람과의 교섭이 필요 없는 생활양식을 가진 소수의 사람들, 자신의 육체적 존재를 유지하기 위해 끊임없이 자연과의 투쟁을 계속하고 있는 사람들만이 무의미한 행위의 실행을 그들의 고유한 인생의 의무라고 생각하고 믿을 수 있다.

내세의 생활을 준비하기 위해 현세의 생활을 버리거나, 동물적인 생활 속에 인생의 의미가 있다고 생각하거나, 의무를 인생의 과업으로 생각하는 것 등이 그릇된 견해라는 사실이 밝혀지는 순간, 궁핍으로 인해 좌절하고 음탕한 생활로 인해 마음이 둔해진 사람이 아니라면 자기 생존이 무의미하고 불행하다는 점을 느끼지 않고서는 생활을 계속해나갈 수 없을 때가 조만간 올 것이다. 아니, 이미 그때가 왔다.

사람들은 점점 더 합리적 의식에 눈을 뜨게 되고, 그 무덤 속에서 소생한다. 그리고 인생의 근본 모순은 아무리 많은 사람들이 그것에서 눈을 돌리려고 해도, 놀라운 힘을 가진 채 분명히 사람들 앞에 나타날 것이다.

합리적 의식을 지닌 사람들은 늘 "나의 생활은 나의 행복을 갈망하는 일념으로 이루어져 있다."고 중얼거린다. 하지만 이성理性은 이 행복이 나를 위해 존재하지 않으며, 내가 아무리 노력한다고 해도 결코 고통과 사멸을 피할 수 없다는 사실을 말해주고 있다.

나는 행복을 원한다. 살고 싶다. 인생의 합리적 의미를 알고 싶다. 그러나 나의 마음속과 나를 둘러싸고 있는 주위에 있는 것이라고는 오직 악과 죽음, 그리고 무의미한 것들뿐이다. 그렇다면 어떻게 해야

사람은 어떻게 살아야 하는가?
·

무엇을 위해 살아야 하는가?
·

좋은가? 어떻게 살아가야 좋은가? 무엇을 해야 좋은가? 하지만 이 질문들에 대한 해답은 어디에서도 찾을 길이 없다!

우리는, 스스로가 품고 있지도 않은 의문에 대한 해답을 주위에서 쉽게 찾아내곤 한다. 반면, 정작 자신이 품고 있는 의문에 대한 해답은 어디에도 존재하지 않아서 늘 헤매기만 한다. 따라서 우리가 아는 것이라고는 오직 다른 사람이 무엇 때문에 사는지를 알지 못한다는 사실과 자신도 왜 사는지 모른다는 사실뿐이다.

사람들은 모두 자신이 보잘것없는 존재이고 자신의 활동이 무의미하다는 것을 의식하지 못한 채 생활하고 있다. 인생의 합리적 의식에 눈뜬 사람들은 "그들이 똑똑한 것인가, 아니면 내가 똑똑한 것인가?"라고 중얼댄다. 그리고 이렇게 말한다. "모든 사람들이 다 똑똑하지 않다는 것은 말이 안 된다. 그렇다면 결국 내가 미친 것인데, 그럴 리 없다. 나 자신에게 이런 사실을 말해주는 나의 합리적 자아가 미쳤을 리 없지 않은가! 하지만 이 세계에 나 혼자 남게 된다고 해도, 나는 이를 믿지 않을 수 없을 것이다."

이처럼 사람들은 자신의 영혼을 찢어발기는 무서운 문제를 가슴에 품은 채, 이 세계 안에서 오직 자기 혼자만을 의식할 것이다. 하지만 살아가지 않을 수 없지 않은가! 하나의 자아, 즉 인격은 우리에게 살아가라고 명령한다. 그러나 다른 자아인 이성은 "살 수는 없다"고 말한다. 여기에서 우리는 자신이 둘로 분열되었음을 느낀다. 이 분열은 짓궂게 우리의 영혼을 괴롭히며, 이 분열과 고뇌의 원인이 마치 자신의 이성인 것처럼 느껴진다.

여기에서 말하는 이성, 즉 생활을 위해서 반드시 있어야 하는 인간의 최고 능력인 이성, 그리고 자연의 힘이 인간에게 부여한 생존 및 향락 방법인 이성만이 우리의 생활을 해칠 수 있는 능력을 가진 것이다.

우리를 둘러싸고 있는 전 세계의 온갖 생물들에게는 각각 특유한 능력이 필요하며, 이 능력이 그들의 행복을 촉진한다. 즉, 식물과 동물은 각각 자기 나름의 법칙에 의해 행복하고 즐겁고 평온한 생활을 보내고 있다. 그러나 유독 인간만은 자연으로부터 물려받은 최고의 자질이 매우 고통스러운 상태를 빚고 있다. 그래서 오늘날 많은 사람들이 이성에 의해서 빚어진 최고조의 내적 모순에서 벗어나기 위해서 지극히 풀기 어려운 생명의 실타래를 풀고 스스로 목숨을 끊고 있는 것이다.

동물적 생활로서는 만족할 수 없는 욕구

LEV NIKOLAYEVICH TOLSTOI

사람은 어린 시절에는 동물과 다를 바 없는 생활을 하고,
인생에 대해서도 아는 것이 전혀 없다.
인간적인 생활은 합리적 의식에서 비롯된다.

인간은 자신의 내부에서 눈뜬 합리적 의식이 자신의 생활을 토막 내어 정지시킨다고 생각하지만, 이는 단지 자신의 생활이 아니었으며 현재도 아니고, 그리고 미래에도 자신의 생활이 될 수 없는 것을 자신의 생활이라고 인정하는 데에 지나지 않는다.

인간의 생활은 세상에 태어나면서 시작되는 개인적 생활에 불과하다는 현대 세계의 그릇된 가르침 속에서 자라온 사람은 자신이 갓난아기나 어린애였던 시기에도 생활하고 있었던 것처럼 생각한다. 그리고 이후 청년이 되고 어른이 되어서도 끊임없이 생활하고 있었던 것 같은 기분을 느낀다. 자신이 아주 오랫동안 살아왔고 한 번도 생

활을 중단한 일 없이 살아왔다고 생각하는 것이다. 하지만 사람은 어느 순간 지금까지 생활해온 것처럼 살아갈 수 없으며, 그런 생활을 계속할 수 없다는 사실을 뚜렷이 알게 된다.

이처럼 그릇된 가르침은, 사람의 생활이란 탄생에서부터 죽음까지라는 관념을 마음속 깊이 심어주고 있다. 여기서 사람은 동물의 생활에 불과한 자신의 생활을 보고, 이런 외관상의 생활에 대한 관념과 자신의 의식을 혼동하는 동시에 이 외관상의 생활이야말로 진정한 자기 생활이라고 확신하게 된다.

그런데 인간의 내부에서 눈뜬 합리적 의식은 동물적 생활로서는 만족할 수 없는 요구를 불러일으킴으로써 이러한 인생관이 잘못되었다는 사실을 지적한다. 하지만 마음속 깊이 깃든 그릇된 가르침은 이 오류를 인정하지 않으려고 한다. 그래서 우리는, 인생은 곧 동물적 생존이라는 인생관을 내버릴 수가 없으며, 이런 이유로 자신의 생활이 합리적 의식에 의해 정지된 듯이 느껴지는 것이다. 하지만 자신의 생활이라고 부르는 것과 자신에게는 정지되어 있는 듯이 느껴지는 것은 결코 존재하지 않았다고 봐야 한다. 자신의 생활이라고 부르는 것, 즉 태어난 이후부터의 생존은 결코 자신의 생활이 아니었던 것이다. 세상에 태어난 이후 지금까지 계속 살아왔다는 관념은, 꿈꾸고 있을 때처럼 의식의 착각에 불과하다. 즉, 눈을 뜨기 전까지는 아무런 꿈도 없었지만, 눈을 뜨는 순간에 그것이 이루어졌을 뿐이다. 따라서 합리적 의식이 눈뜨기 전까지는 아무런 생활도 없었으며, 과거에 대한 관넘은 합리적 의식이 눈뜬 순간에 비로소 머릿속에 떠오른 것에 불과하다.

사람은 어린 시절에는 동물과 다를 바 없는 생활을 하고, 인생에 대해서도 아는 것이 전혀 없다. 이러한 사람이 10개월밖에 살지 못한다면, 자신의 생활은 물론이고 다른 사람의 생활에 대해서도 아는 것이 하나도 없을 것이다. 그런데 이것은 아이에게만 해당하는 말이 아니다. 이성이 발달하지 않은 어른이나 백치의 경우도 자신이 살고 있다거나 다른 존재가 살고 있다는 사실에 대해 아무것도 알지 못한다. 이러한 사람들은 인간적인 생활을 하고 있지 않다고 볼 수 있다.

인간적인 생활은 합리적 의식에서 비롯된다. 합리적 의식은 현재와 과거의 생활을 분명히 자각하게 해줄 뿐 아니라, 다른 사람들의 생활을 계시해준다. 또한 개인 생활의 행복에 대한 부정과 개인의 생활을 정지시키는 것처럼 여겨지는 모순을 야기하기도 한다.

사람은, 자신 이외의 존재물에 대해 정의를 내리는 것처럼 자신의 생활에 대해서도 시간으로 정의를 내리고 싶어 한다. 그런데 이때 갑자기 사람의 마음속에 육체적으로 탄생했을 때와 일치하지 않는 생명이 눈뜨게 되므로, 시간으로 정의 내릴 수 없는 것이 생활을 할 수 있다고는 믿지 않으려 한다. 그러나 사람들이 아무리 시간 안에서 자신의 합리적 생활이 비롯되었다고 여겨질 만한 근거를 찾으려고 해도 결코 찾을 수는 없을 것이다.

사람은 회상이라는 한정된 범위 내에서 합리적 의식의 실마리를 결코 찾을 수 없다. 사람들은 합리적 의식이 언제나 자기 속에 있었던 것처럼 생각한다. 설령 이러한 의식의 실마리 같은 것을 찾아낸다고 해도, 이는 육체적 존재 내에서는 결코 찾을 수 없으며, 오직 이와 아무런 공통점이 없는 영역에서만 찾을 수 있을 뿐이다.

사람은 합리적 의식과 육체적 존재는 전혀 별개의 것이라고 생각한다. 즉, 합리적 존재로서의 자신에 대해 스스로에게 물을 경우, 사람은 자기 자신을 언제 태어난 부모의 자식이자 조부모의 자손이라고 생각하지 않는다. 다시 말해, 사람들은 자신을 한 사람의 자식으로서가 아니라, 때에 따라서는 수천 년이 지난 옛날에 이 세상의 어느 한구석에 살았던 합리적 존재, 즉 때와 장소 측면에서는 완벽한 남에 불과한 존재의 의식과 하나로 융합되어 있다고 인식하는 것이다.

따라서 합리적 의식에서는 사람이 태어난 배경은 전혀 인정하지 않은 채 오직 합리적 의식과의 시·공간적 상태를 초월한 일치만을 인정하며, 이 안에서 사람은 자기 자신을 발견하게 된다. 이런 이유로, 합리적 의식만이 지금까지 잘못 생각된 인생을 정지 상태에 있는 것처럼 보이게 만든다. 즉, 합리적 의식을 가지게 된 순간부터 사람은 자신의 생활이 정지해버린 것처럼 생각하는 것이다.

상상 속 인생과 실제 인생

LEV NIKOLAYEVICH TOLSTOI

사람의 이성은 그릇된 방향으로 향한다.
따라서 그릇된 관념을 지닌 채 인생을 두 가지로 본다.
하나는 자기가 스스로 상상한 인생이고,
다른 하나는 실제로 존재하는 인생이다.

분열이나 모순은 존재하지 않는다. 이는 단지 그릇된 교의에서만 나타난다. 사람들이 그 속에서 자라고 또한 지지해온 교의, 즉 인생을 탄생에서부터 사망에 이르기까지의 동물적인 생존으로만 보는 그릇된 교의는 사람들로 하여금 자신의 마음속에 합리적 의식이 눈뜰 때 비로소 이러한 괴로운 분열 상태를 느끼게 한다.

사람은 자신의 생활이 하나임을 알고 있으면서도 마치 둘인 것처럼 생각한다. 마치 두 손가락 사이에 조그만 구슬을 넣고 굴릴 때 구슬이 하나임을 알면서도 둘인 것처럼 느끼는 것과 같다. 그릇된 인생관을 가진 사람들은 모두 그렇게 생각하고 있는 것이다.

사람의 이성은 그릇된 방향으로 향한다. 사람은 도저히 인생이라고는 볼 수 없는 육체적, 개인적 존재를 인생이라고 인식하도록 배워왔다. 따라서 그릇된 관념을 지닌 채 인생을 두 가지로 본다. 하나는 자기가 스스로 상상한 인생이고, 다른 하나는 실제로 존재하는 인생이다.

이런 사람들에게는 합리적 의식에 의해 개인적 행복을 부정하거나 다른 행복을 요구하는 일 등이 어딘지 모르게 병적이고 부자연스러운 것처럼 보인다. 그러나 합리적 의식을 지닌 사람에게는 개인적 행복이나 그 생활의 가능성을 부정하는 일이 개인적 생활에서 약속된 당연한 결과다. 합리적 의식을 지닌 사람에게는 개인적 행복이나 그 생활의 부정이 마치 한 마리의 새가 발로 걷는 것보다 날개로 나는 것이 더 자연스럽게 여겨지는 일과 마찬가지로 생명의 자연스런 본질이다. 설령 깃이 아직 다 자라지 않은 새끼 새가 발로 걷는다고 해도 이 하나만으로 날아다니는 것이 새의 본성이 아니라고 주장할 수는 없다.

만일 우리 주위에 있는 사람들이 합리적 의식을 가지지 못해 생활의 목적이 개인으로서의 행복에 있다고 생각하더라도, 이는 인간이 지적 생활을 할 수 없다는 증명이 되지는 못한다. 인간의 참된 생활에 대한 각성이 오늘날 숨이 막힐 정도로 긴장감을 주는 이유는, 그릇된 교의가 인생의 환상을 인생 자체라고 강조하면서 참된 생활이 인생을 파괴한다고 우기고 이를 사람들에게 설득하는 데 여념이 없기 때문이다.

오늘날 참된 생활을 누리는 사람들에게는 여자로서의 본성에 무지했던 처녀가 경험하는 것과 똑같은 일이 일어난다. 즉, 처녀는 성적인 성숙을 몸으로 느끼는 동시에 어머니로서의 책임과 기쁨이 함께 하는 미래의 결혼 생활에 들어가는 것이 개인의 생활을 절망으로 이끄는 병적이고 부자연스러운 일이라고 생각하기 쉽다. 이처럼 참된 생활에 대한 각성을 경험한 많은 사람들이 이와 같은 절망을 경험하게 된다.

합리적 의식을 가졌다고 해도 자신의 생활을 단지 개인적인 것으로만 생각하는 사람들은, 생활을 물질의 운동이라고 여기고 자신을 물질의 법칙에 예속된 존재로 생각하는 동물과 똑같은 고통을 경험하게 된다. 이러한 동물은 괴로운 내적 모순과 분열을 경험할 뿐이며, 물질의 법칙에 자신을 내맡기고 있는 사람은 조용히 앉아서 호흡하는 일이 자신의 생활이라고 느낄 것이다. 하지만 개성은 이와는 거리가 먼 자신의 보호와 종족의 보존을 요구한다. 이 순간에 동물은 자신이 분열과 모순을 느낀다고 생각할 것이다. 또한 "생활이란 중력의 법칙, 즉 꼼짝하지 않은 채 드러누워 몸 안에서 일어나는 화학 작용을 따라야 하는 것이지만, 한편으로는 일을 해야 하는 것, 먹지 않으면 안 되는 것, 이성을 찾지 않으면 안 되는 것이다."라고 여길 것이다.

동물은 이러한 상태에 대해 고민할 뿐 아니라 거기에서 모순과 분

상상 속 인생과 실제 인생

·

열을 발견한다. 그런데 이와 같은 일이 동물적 개성을 자기 생활의 법칙이라고 배워온 사람들에게도 똑같이 발생하고 있는 것이다. 인생의 최고 법칙인 개인의 합리적 법칙은 사람들에게 전혀 별개의 것을 요구하지만, 주위 사람들이나 그릇된 가르침이 사람들을 허위의 의식 속으로 몰아넣기 때문에 우리는 모순과 분열을 경험할 수밖에 없다.

이러한 모순과 분열로 인한 괴로움에서 벗어나기 위해서는 저속한 물질의 법칙을 버리고 최초의 법칙을 지닌 최고의 법칙 안에서, 즉 합리적 의식에 의해 자신에게 제시된 법칙 안에서 자신의 생활을 인정해야 한다. 그렇게 되면 모순은 사라지고, 개성은 합리적 의식에 따라 자유롭게 거기에 봉사하게 된다.

2장

생명은
인간의
빛이다

개인적 행복과 참된 인간 생활

LEV NIKOLAYEVICH TOLSTOI

사람들은 개인적 행복만을 위해 존재를 지속할 수는 없었다.
그래서 사람들은 참된 인간 생활을 시작하려고 했던 것이다.

생명 현상을 인간적 존재 속에서 관찰하고 시간 속에서 연구할 경우,
우리는 참다운 생명이 곡식의 낱알 속에 들어 있는 것처럼 인간의 생
명도 마음속에 보존되어 있다가 때가 되면 표면에 나타난다고 생각
하게 된다.

참다운 생명은, 동물적 개성이 사람을 행복 쪽으로 이끌어가려고
하는 순간에 합리적 의식이 개인적 행복은 불가능하다는 사실을 사
람에게 가르치면서 다른 행복을 지시할 때 나타난다. 사람은 무덤 저
쪽의 세계인 저승에 있다는 행복을 바라기는 하지만, 그것을 인식할
만한 능력이 없기 때문에 처음에는 이 행복을 믿지 않고 본래의 개인

적 행복으로 되돌아간다. 물론 합리적 의식이 제시한 행복도 어느 정도 막연하긴 하지만, 개인적 행복이 불가능하다는 사실은 의심할 수 없는 확증을 지니고 있다. 그래서 사람은 자신에게 주어진 새로운 행복을 한 번 더 돌아보는 것이다.

합리적 의식에 의한 행복은 눈에 보이지 않지만 개인적 행복은 이미 깨어진 상태이기 때문에 사람들은 개인적 행복만을 위해 존재를 지속할 수는 없었다. 그래서 사람들은 참된 인간 생활을 시작하려고 했던 것이다. 아기가 태어나는 것은 태어나고 싶어서가 아니고, 태어나는 편이 유리해서도 아니며, 또 태어나는 것이 바람직한 일이라고 생각해서도 아니다. 단지 달이 차서 지금까지의 생존을 계속할 수 없었기 때문에 태어난 것뿐이다. 그래서 사람은 새로운 생활로 들어가지 않을 수 없게 되었으며, 이는 새로운 생활이 그를 불러들여서가 아니라 오히려 지금까지의 생존 가능성이 상실되었기 때문이다.

합리적 의식은 사람의 개성 속에서 자신도 모르게 발달해, 마침내 개성 속의 생활이 불가능할 만큼 성장한다. 바로 여기에서 모든 물질이 태어날 때 일어나는 것과 똑같은 현상이 일어난다. 생활 이전의 형태인 곡식 낱알의 해체解體와 새로운 싹이 돋아나는 현상이 바로 그것이다. 단, 합리적 의식의 발생과 육체적 탄생과의 다른 점은, 육체적 탄생에서는 시간과 공간을 통해 언제, 어떻게 해서, 무엇이 태어나는지를 우리가 눈으로 확인할 수 있다. 즉, 열매가 씨앗 구실을 하고, 씨앗은 일정한 조건 하에서 싹이 되며, 싹은 자라서 꽃을 피우고 열매를 맺게 된다는 사실을 눈으로 직접 볼 수 있지만, 합리적 의식의 성장은 시간상으로는 물론이고 그 순환 과정도 볼 수가 없다. 이렇듯 합리적 의식의 성장과 순환을 볼 수 없는 이유는 우리 자신이 이를 행하고 있기 때문이다. 즉, 생명은 바로 우리들 안에서 생겨나는 눈에 보이지 않는 탄생에 불과하므로, 우리는 이를 전혀 볼 수 없는 것이다.

합리적 의식이 새로운 관계를 볼 수 없다는 점은 마치 씨앗이 줄기의 성장을 볼 수 없는 것과 같다. 합리적 의식이 어느 순간 우리 앞에 모습을 드러낼 경우, 우리는 모순을 경험하고 있다고 느끼게 된다. 그러나 사실은 아무런 모순도 없다. 이는 싹이 트는 씨앗에 아무런 모순이 없는 것과 마찬가지다.

합리적 의식이 개성의 생존을 해체하기 시작한 순간, 만일 우리가 다른 존재의 개성도 자신과 같다거나, 고통이 자신을 위협하고 있다거나, 생존이라는 것이 완만한 죽음에 지나지 않는다는 사실을 안다면 우리는 해체되기 시작한 개성 속에 생명을 의지할 수 없게 된다. 그럼 우리는 필연적으로 우리 자신을 눈앞에 전개된 새로운 생활 속에 맡기지 않으면 안 된다. 그리고 여기에 모순이 없다는 것은 마치 스스로 썩어가는 씨앗에 모순이 없어서 싹이 나는 것과 같다.

생활의 법칙, 이성

LEV NIKOLAYEVICH TOLSTOI

사람이 서로 사귈 때 필요한 것은 서로를 믿을 수 있는
일반적인 이성이라는 사실을 우리는 잘 알고 있다.
이성은 합리적 존재인 사람들이 생활해나가기 위해
반드시 필요한 법칙이다.

합리적 의식 속에 나타나는 인간의 참된 생활은 개인의 동물적 행복
이 부정될 때 비로소 시작된다. 하지만 동물적 행복의 부정은 합리적
의식이 눈뜰 때 비로소 시작된다.

그렇다면 합리적 의식이란 도대체 무엇인가? 요한복음의 첫머리
에는 '로고스Logos(이성·예지·말씀을 일컬음)'가 태초에 있고, 만물이 그
속에 있으며, 만물이 거기서 비롯되었다는 말이 나온다. 이에 따르
면, 다른 모든 것을 정의하는 '이성'은 그 무엇으로도 정의 내릴 수가
없다.

즉, 이성은 정의 내릴 수 없으며, 우리는 이성을 정의할 아무런 이

생명은 인간의 빛이다
·

생환의 법칙 이섬
•

유가 없다. 이 말은 우리 모두가 이성에 대해 알고 있다는 뜻이 아니라, 이성 이외에는 무엇 하나도 알지 못한다는 뜻이다. 사람이 서로 사귈 때 필요한 것은 서로를 믿을 수 있는 일반적인 이성이라는 사실을 우리는 잘 알고 있다. 즉, 우리는 이성만이 우리 같은 모든 생물을 하나로 결합하는 유일한 바탕이 된다는 점을 확신하고 있는 것이다. 따라서 이성이야말로 우리가 무엇보다도 확실하게, 그리고 제일 먼저 알고 있는 대상이라고 할 수 있다.

우리는 이성을 알고 있으며, 또한 모르면 안 된다. 왜냐하면 이성은 합리적 존재인 사람들이 생활해나가기 위해 반드시 필요한 법칙이기 때문이다. 이성은, 동물의 경우 그들이 자라서 번식하기 위해 순종하지 않으면 안 되는 법칙, 식물의 경우 나무나 풀이 자라서 꽃을 피우기 위해 순종하지 않으면 안 되는 법칙, 천체의 경우 지구나 발광체가 운행하기 위해 순종하지 않으면 안 될 법칙과도 같다. 우리가 마음속으로 생활 법칙이라고 여기고 있는 법칙은 세계의 온갖 외적 현상에 의해서 이루어진다. 단, 차이가 있다면 생활 법칙은 우리 자신이 실현해야 하는 것이지만, 외적 현상은 우리와 관계없이 법칙에 따라 이루어지는 것이라고 우리 스스로가 인정한다는 점이다.

우리가 세계에 대해 알고 있는 모든 것은 우리 눈에 보이는 동물계나 식물계, 그 밖의 전 세계에서 이루어지고 있는 이성에 대한 복종에 불과하다. 즉, 외부 세계에서 우리가 보게 되는 것은 이성의 법칙을 따르고 있다. 그러나 우리는 마음속으로 이 법칙을 스스로 행해야 할 규범으로 여기고 있다.

　인생에 관한 그릇된 견해는, 이러한 법칙에 대한 동물적 육체로서의 복종, 즉 우리의 손으로 실현되는 것이 아닌 단지 눈으로 목격되는 데 불과한 복종에 의해 그 법칙이 마치 인생인 것처럼 생각되는 것에서 비롯된다. 그럼에도 합리적 의식이 결부된 동물적 육체의 법칙은 마치 나무, 결정체, 천체에서 행해지는 것처럼 우리의 동물적 육체 속에서도 무의식적으로 행해지고 있다. 그러나 우리가 동물적 육체를 이성에 복종시키는 것은 어디에서도 볼 수 없는 생명의 법칙이다. 왜냐하면 이는 아직 실현된 것이 아니라, 지금 우리에 의해 생활 속에서 실현되고 있는 것이기 때문이다.

　이러한 법칙을 실행한다는 것은 곧 행복 달성을 위해 자신의 동물적 자아를 이성의 법칙에 복종시킴으로써 생활이 이루어진다는 뜻이다. 우리의 행복과 생명이 동물적 자아를 이성의 법칙에 복종시킴으로써 이루어진다는 사실을 이해하지 못한 채 자신의 동물적 자아의 존재와 행복이 인생의 전부라고 생각하는 사람들이 있다. 이는 참된 행복과 참된 생명을 스스로 포기한 상태로, 이러한 사람들은 동물적 활동으로서의 존재로 간주된다.

그릇된 지식

LEV NIKOLAYEVICH TOLSTOI

인간을 깊이 있게 이해하기 위해서는 좀 더 단순한 현상에서
인간 생활을 관찰해야 한다.
즉, 정신 활동을 하지 않는 동물과 같은 입장에
서지 않으면 안 되는 것이다.

사람은 옛날부터 눈에 보이는 동물적 개성 속에서 작용하는 법칙을
생활의 법칙이라고 여기는 오류를 범해왔으며, 지금도 이를 되풀이
하고 있다. 이 오류는 인생의 행복을 달성하기 위해 동물적 자아를
이성에게 복종시킨다는 지식의 주요 목적을 감추는 대신, 사람들로
하여금 행복과는 아무런 관계도 없는 인간 생존에만 힘을 기울이게
만든다.

이러한 그릇된 지식은 사람들로 하여금, 행복 달성을 위해 동물적
자아를 복종시킬 법칙을 연구하게 만들거나 이 법칙을 바탕으로 세
계의 삼라만상을 연구하게 만드는 대신, 참된 행복을 위한 지식과는

아무런 관계도 없는 인간의 동물적 자아의 행복이나 그 존재 자체를 연구하는 데 몰두하게 만들고 있다. 그리고 사람들은 이러한 연구를 통해 행복에 대한 지침을 발견할 수 있을 것이라고 생각한다.

그릇된 지식은 이렇게 말한다. "사람은 옛날부터 지금까지 계속해서 살아왔다. 그러므로 그들이 어떻게 살아왔고, 시간과 공간 속에서 어떤 변화를 겪었으며, 어떤 방향으로 가고 있는지를 살펴봐야 한다. 우리는 그들이 살아온 역사적인 변천에서 생활의 법칙을 발견할 수 있을 것이다."

그릇된 지식을 주장하는 사람들은 인간의 행복을 위한 지식의 주된 목적인 합리적 법칙을 연구하는 일을 헛된 짓이라고 선언하고 있다. 인간이 동물적 존재의 일반 법칙에 따라 변화하는 존재에 불과하다면, 인간이라는 존재를 지배하는 법칙을 연구하는 일은 전혀 이익이 없을 뿐 아니라 아무런 의미도 없다. 사람들이 자기 존재의 변화에 대한 법칙을 알든 모르든 이 법칙이 이루어지는 것은, 마치 두더지나 바다표범 생활상의 변천이 이들을 지배하는 여러 조건에 따라 결정되는 것과 같다.

그러나 우리가 인간의 생활을 관장하는 합리적 법칙을 안다고 해도, 이성의 법칙에 관한 지식은 그 법칙을 적용시키는 곳, 즉 합리적 의식 이외에는 어디에서도 찾아낼 수가 없다. 따라서 사람은 동물로서의 인간이 어떻게 생존해왔는지를 아무리 깊이 연구하더라도, 인간의 생존에 대한 지식 없이는 사람의 내부에서 자연히 일어나는 현상들을 결코 알 수가 없다. 또한 인간의 동물적 존재를 깊이 연구하더라도, 행복을 위해 동물적 존재를 종속시키지 않으면 안 된다는 법칙 따위는 절대로 알아낼 수 없을 것이다. 이것이 바로 사학이나 정치학으로 인생을 연구하려는 학자들이 도달해야 할 결과다.

오늘날 지식의 유일한 목적을 무시한 일반화된 범주는, 인간을 관찰 대상으로 연구한 결과 인간은 모든 생물과 마찬가지로 영양을 섭취해 자라며 번식하다가 늙어서 죽는다는 것이다. 하지만 이러한 주장을 내세우는 사람들도 어떤 현상, 그들의 표현에 의하면 매우 복잡한 정신적 현상이라는 것이 있어서 정확하게 관찰을 하지 못하고 있다. 따라서 인간을 깊이 있게 이해하기 위해서는 좀 더 단순한 현상에서 인간 생활을 관찰해야 한다. 즉, 정신 활동을 하지 않는 동물과 같은 입장에 서지 않으면 안 되는 것이다. 그러나 동·식물을 연구한 결과, 우리는 좀 더 단순한 물질의 법칙을 그것들에서 찾아낼 수 있었다. 게다가 동물의 법칙은 인생의 법칙보다 단순하고, 식물의 법칙은 동물의 법칙보다 단순하며, 물질의 법칙은 이보다 더 단순하기 때문에 가장 간단한 법칙, 즉 물질의 법칙 위에 연구의 기초를 두지 않으면 안 되었다. 그 결과 우리는 동물이나 식물에서 일어나는 현상은 인간에게도 반드시 일어난다는 사실을 알았다. 즉, 인간에게서 일어나는 모든 현상은 가장 단순한 물질 속에서 일어나는 현상으로 설명이 가능하다는 것이다.

이 관찰을 진행해나가다 보면 인간 활동의 모든 특질이 물질 속에서 작용하는 힘과 늘 긴밀한 관련을 맺고 있다는 사실을 알 수 있다. 즉, 인체를 조직하고 있는 물질의 변화는 인간 생활 전체에 작용하는 것이다. 이러한 견지에서 많은 연구자들이 물질의 법칙이 인간 활동의 근본이라는 결론을 내렸다.

물론 그들은 동물이나 식물, 물질 등에서 찾아볼 수 없는 무언가가 인간에게 있다고 인정했지만, 이 점에 대해서는 크게 개의치 않았다. 하지만 이것이야말로 우리의 진정한 연구 대상으로, 이것을 제외하면 모든 것이 무의미해진다.

많은 연구자들은, 인체 물질의 변화가 인간의 활동을 침범한다고 해도 이는 단순히 물질의 변화가 인간 활동에 영향을 미치는 하나의 원인이라는 사실을 보여주는 데 지나지 않는다고 생각한다. 그러므로 물질의 활동이 인간 활동의 원인이라는 증거는 없다고 말한다. 또한 그들은 무생물이나 식물 및 동물에게서 일어나는 여러 가지 법칙이나 이에 따르는 현상으로 사람의 인생을 설명할 수 있다고 억지로 믿고 있다.

또한 많은 연구가들은 인류의 행복을 위해 동물적 자아를 복종시켜야 할 법칙을 이해하려고 하면서도 역사적 존재만을 연구하거나, 아니면 눈에만 보일 뿐 사람에게 전혀 의식되지 않는 동물이나 식물 및 물질의 여러 법칙에 대한 복종만을 연구하고 있다. 즉, 그들은 자신들이 추구하지 않으면 안 될 목적을 발견하기 위해 잘 모르는 사물의 조건을 연구하는 사람들처럼 상투적인 방법을 사용해 똑같은 일을 하고 있는 것이다.

물론 외관상의 현상에 대한 지식이나 인간의 역사에 대한 지식이 우리에게 많은 것을 가르쳐준다는 점은 사실이다. 즉, 인간의 동물적 자아나 다른 동물의 생활에서 찾아볼 수 있는 법칙 및 물질의 법칙을 연구하는 것도 큰 도움이 된다. 이러한 모든 연구는 생활 속에서 필연적으로 이루어지는 것들을 거울에 비추듯이 명백히 보여주기 때문에 우리에게는 참으로 소중하다고 할 수 있다. 하지만 우리의 눈으로 볼 수 있는 것에 대한 지식이 아무리 많다고 해도 그것이 인간에게 소중한 지식, 즉 참된 행복을 위해 동물적 자아를 종속시켜야 하는 법칙에 관한 지식을 우리에게 주지 못한다는 점은 명백하다. 현재의 법칙에 관한 지식은 우리에게 도움이 되긴 하지만, 이는 우리의 동물적 자아를 종속시키지 않으면 안 되는 이성의 법칙을 인정하는 경우에만 유용하며, 그 이외에는 아무런 소용도 없다.

예를 들어, 동물적 자아를 지배하는 법칙과 물질을 지배하는 법칙을 잘 아는 사람이라고 해도 그 법칙은 현재 그가 손에 들고 있는 한 조각의 빵을 아내에게 줄 것인지, 남에게 줄 것인지, 개에게 줄 것인지, 자기가 먹을 것인지, 아니면 그대로 둘 것인지를 결정하는 데 아무런 지식도 제공하지 못한다. 그러나 인간의 생활은 이러한 문제를 해결하는 데에서 이루어지는 것이다.

동물과 식물 및 물질의 존재를 지배하는 법칙에 대한 연구는 인생의 법칙을 해명하는 데 없어서는 안 될 뿐 아니라 오히려 매우 유용하다. 하지만 이는 인생에 대한 지식의 중요한 주제, 즉 이성의 법칙에 대한 해명을 연구의 주요 목적으로 삼고 있을 경우에 해당하는 말이다.

그런데 인간의 생활을 동물적 생존에 불과하다 보고, 합리적 의식에서 비롯되는 행복 따위는 있을 수 없다고 생각한 나머지 이성의 법칙을 다만 환영幻影에 지나지 않는다고 가정한다면, 이러한 연구는 무의미할 뿐 아니라 인간에게 큰 해를 끼치게 된다. 이는 인간의 눈에서 지식의 유일한 목적을 지워버릴 뿐 아니라, 사람들로 하여금 객관적인 사물의 연구로 그 물체를 알 수 있다는 오류에 빠지게 한다. 이러한 연구는 마치 생물의 그림자 변화나 운동만을 관찰한 뒤 그것에서 생물의 운동 원인을 찾아내려는 사람의 행동과 매우 비슷하다고 할 수 있다.

아는 것과 모르는 것에 대하여

LEV NIKOLAYEVICH TOLSTOI

그릇된 지식은 모르는 것을 안다고 하고, 아는 것을 모른다고 하는 데 있다.
사람의 참된 지식은 자신의 개성과 동물적 자아에 의해서 얻어질 뿐이다.

공자는 "참된 지식은 아는 것을 안다고 하고, 모르는 것을 모른다고
하는 데 있다."고 말했다. 이에 반해, 그릇된 지식은 모르는 것을 안다
고 하고, 아는 것을 모른다고 하는 데 있다. 그릇된 지식을 지닌 사람
은 공간과 시간 속에 나타나는 삼라만상에 대해서는 잘 알고 있지만,
합리적 의식에 의해 그 자신에게 명백하게 나타나는 일은 마치 알지
못하는 것처럼 여긴다.

이러한 사람에게는 일반적인 행복과 그의 행복이 가장 알기 어려
운 문제처럼 생각된다. 그리고 자신의 이성이나 합리적 의식 같은 것
역시 그로서는 알 수 없는 문제다. 어느 정도 알 수 있는 것은 동물로

서의 자기 자신이다. 이보다 좀 더 알기 쉬운 것은 동물과 식물이다. 그리고 가장 알기 쉬운 것은 무한히 퍼져 있는 생명 없는 물질이다.

이와 비슷한 일이 인간의 시선에서도 그대로 나타난다. 인간은 무의식중에도 색채와 윤곽이 극히 간단하게 보이는 저 먼 하늘, 지평선, 들판, 숲 같은 대상에 쉽게 시선을 돌린다. 이들 대상은 멀면 멀수록 더욱 뚜렷하고 단순하다는 생각을 준다. 하지만 가까우면 가까울수록 색채와 윤곽이 더욱 복잡해진다.

만일 사람이 원근법처럼 물체의 거리를 정하는 방법을 알지 못해 윤곽과 색채가 더 단순하고 명확한 물체가 눈에 보이는 최고의 선명한 대상물이라면, 가장 단순하고 분명하게 생각되는 대상은 저 무한한 하늘이고, 이보다 조금 덜 분명하다고 생각되는 것은 지평선이며, 이보다 조금 덜 분명하다고 생각되는 것은 자기 눈앞에서 움직이는 손발이고, 그리고 끝으로 가장 막연하게 여겨지는 것은 광선일 것이다.

사람의 그릇된 지식도 이와 같이 설명할 수 있지 않을까? 사람에게 있어서 명백한 합리적 의식은 단순하지 않기 때문에 우리는 그것을 알기 어려운 대상으로 생각하지만, 이해하기 어려운 무한하고 영원한 물질은 사람과의 거리 때문에 단순하게 보이므로 가장 알기 쉬운 대상으로 생각한다. 그런데 사실은 이와 정반대다. 모든 사람들은 자신이 찾고 있는 행복에 대해 무엇보다도 잘 알고 있으며, 또 알 수 있다. 이와 마찬가지로 모든 사람들은 행복을 가르쳐주는 이성에 대

해 잘 알고 있고, 또 이성에 종속되는 자신의 동물적 자아에 대해서
도 알고 있다. 그래서 시간과 공간 속에 나타나는 그 밖의 모든 현상
을 보고는 있지만, 알지는 못하는 것이다.

그릇된 인생관을 가진 사람들은 물체가 시간과 공간에 의해 명확
하게 한정되어 있을수록 자신이 그것을 더 잘 알 수 있을 것이라고
생각한다. 그러나 사실 우리는 시간과 공간에 의해 제한되지 않는 것,
즉 행복과 이성의 법칙만을 충분히 알 수 있을 뿐이다. 그런데 외부
세계에 대해서는 그것에 우리의 인식이 참여하는 정도가 적으면 적
을수록 잘 알지 못하게 된다. 즉, 사물은 시간과 공간에 의해 엄격히
한정될수록 알기 어려운 것이다.

사람의 참된 지식은 자신의 개성과 동물적 자아에 의해서 얻어질
뿐이다. 그런데 사람들은 행복을 갈망하고 이성의 법칙에 종속하는
동물적 자아를 삼라만상에 대한 지식과 전혀 별개의 문제로 생각하
고 있다. 사람은 모두 동물적 자아로서의 자신을 잘 알고 있다. 사람
이 자신에 대해 알고 있는 이유는 자신이 어떤 공간적, 시간적 존재
이기 때문이 아니라 자신의 행복을 위해 이성의 법칙을 좇아야 하는
그 무엇이기 때문이다.

사람은 시간 및 공간을 초월한 그 무엇으로서의 자신이 바로 동물
적 자아 속에 있다는 사실을 알고 있다. 시간과 공간에 있어서의 자
기 위치에 대해 스스로에게 질문할 때 무엇보다도 제일 먼저 생각나
는 것은, 자신이 무한히 지속되는 시간의 한복판에 서 있는 동시에

아는 것과 모르는 것에 대하여
·

막막한 공간의 중심에 서 있다는 사실이다. 그리고 사람은 시간과 공간 속의 자아에 대해서 실제로 잘 알고 있다. 하지만 이것 이상의 실제적인 지식을 자아는 갖고 있지 못하다. 사람은 자신의 자아 이외에는 아무것도 모른다. 단지 외적, 조건적 방법으로 관찰하고 결정할 수 있을 뿐이다.

가령 일시적으로 행복을 갈구하는 합리적 중심으로서의, 즉 시간과 공간을 초월한 존재로서의 자기 자신을 아는 것에서 잠시 벗어난다면, 사람은 그 순간 자신이 공간과 시간이라는 가시적인 세계의 일부라는 점을 인식할 수 있다. 이처럼 사람은 공간과 시간 속에 있는 자신을 다른 존재와 관련시켜 생각함으로써 자신에 대한 참된 내적 지식을 외적인 관찰과 결부시킨다. 그리고 여기에서 다른 모든 사람들과 가장 흡사한 인간으로서의 자신에 대한 관념을 얻게 되는 것이다. 자신에 대한 이 조건적인 지식에 의해 사람은 다른 사람을 바라보고 어느 정도의 외면적인 관념도 얻을 수 있지만, 완벽하게 다 알 수는 없다.

사람에 대한 참된 이해가 완벽할 수 없는 이유는 우리가 세상을 살아가면서 오직 한 사람만 보게 되는 것이 아닐 뿐 아니라, 아직 한 번도 본 적이 없고 앞으로도 볼 수 없는 사람이 현재에도 있고, 과거에도 있었으며, 또 미래에도 있을 것이기 때문이다.

우리와는 거리가 먼 존재인 동물이 저편에 존재한다는 사실을 우리는 잘 알고 있다. 우리가 인간에 대한 일반적인 지식을 전혀 가지고 있지 않다면, 다른 생물들에 대해서도 전혀 이해할 수 없었을 것이다. 하지만 지식을 가지고 인간이라는 개념에서 합리적 의식을 추론하기 때문에 동물에 대해서도 어떤 개념을 가질 수 있다. 그러나이 개념은 사람에 대한 개념처럼 우리가 알기 쉬운 것은 아니다. 우리는 살아가면서 수없이 많은 다른 동물들을 보게 된다. 그 수가 많으면 많을수록 그들을 완벽하게 아는 일은 더욱 어려워진다.

　우리는 동물보다 더 먼 곳에서 식물들을 목격한다. 이 식물들 역시 세계에 널리 퍼져 있으면 있을수록 우리는 식물에 대한 완벽한 지식을 갖는 것이 불가능해진다. 그리고 우리는 동물이나 식물보다 더 먼 곳에 위치한 생명이 없는 물체, 이제는 거의 또는 전혀 구별할 수 없는 물질의 형태를 보게 된다. 우리는 이러한 물질에 대해 아주 조금밖에 이해하지 못한다. 우리는 물질의 형태에 대한 지식을 명확히 갖추지 못했기 때문에 물질을 단지 상상할 뿐이다. 심지어 물질을 공간적, 시간적으로 무한한 것이라고 생각한다.

사람을 이루는 육체와 물질

LEV NIKOLAYEVICH TOLSTOI

육체와 물질이라는 두 가지 존재 양식은 사람을 위해 활동에 필요한
도구나 재료를 제공하지만
활동, 즉 그 일 자체는 제공하지 않는다. 따라서
자기 일에 필요한 도구나 재료를 연구한다는 것은 매우 유익하다.

"개가 아프다. 송아지는 순하다. 그는 나를 사랑한다. 나는 즐겁다. 소
가 겁을 먹었다.", 이런 말보다 이해하기 쉬운 말이 어디 있을까? 더
구나 이런 말들은 공간이나 시간에 의해 결정되는 것이 아니다. 오히
려 현상에 종속된 법칙을 우리가 이해하지 못하면 못할수록 이 현상
은 시간과 공간에 의해서 점점 더 정확히 결정된다. 지구, 달, 태양의
운행을 책임지는 인력의 법칙을 누가 충분히 이해하고 있단 말인가?
이에 비해 일식日蝕은 시간이나 공간에 의해서 가장 정확히 결정되고
있지 않은가!

우리가 잘 알고 있는 것은 단지 우리의 생활과 행복에 대한 갈망,

그리고 이 행복을 우리에게 가르쳐주는 이성뿐이다. 그다음으로 우리가 확실히 알고 있는 것은 행복을 갈망하고 이성의 법칙에 따르는 우리의 동물적 자아에 대한 지식이다. 우리의 동물적 자아에 대한 지식으로는 이미 보거나 접촉하거나 관찰한 것이 포함되지만, 우리로서는 이해하기 어려운 공간적, 시간적 조건도 부수적으로 포함된다. 즉, 우리가 확신할 만한 지식은 우리에게 공통되는 행복에 대한 갈망과 합리적 의식을 인정하는 동물적 자아에 대한 지식이다. 자아로서의 생활이 행복에 대한 갈망 및 이성의 법칙에 접근하면 접근할수록 우리는 지식을 더욱 확실히 알게 되지만, 그것이 공간적, 시간적 조건 속에 나타나면 나타날수록 우리는 지식에 대해 모를 수밖에 없다.

그다음으로 우리가 잘 아는 것은 동물에 대한 지식이다. 우리는 동물들 역시 행복을 위해 노력한다는 사실을 알 수 있다. 그러나 현재로서는 동물에게서 합리적 의식 같은 것은 찾을 수 없으므로, 동물들과 의사소통을 할 수는 없다.

동물 다음으로는 식물이다. 식물에게서는 우리와 같은 행복에 대한 동경을 찾아보기가 어렵다. 그들은 주로 시간과 공간의 현상 속에서 나타나며, 우리의 인식에서 점점 멀어져간다. 우리가 식물들을 아는 이유는 단지 식물 속에서 우리의 동물적 자아와 유사한 개성을 찾아볼 수 있기 때문이다. 즉, 식물 역시 우리처럼 행복을 갈망하고 공간과 시간이라는 조건 하에서 나타나는 이성의 법칙을 따르는 것이다.

동물이나 식물보다 우리의 지식으로 더욱 알기 어려운 것은 인격이 없는 물질이다. 물질에서 찾아볼 수 있는 동물적 자아는 단지 물질들이 종속된 이성의 법칙에서 나타나는 시간적, 공간적 현상에 지나지 않는다. 우리의 지식이 가지는 진실성은 공간 및 시간에서 사물을 관찰했는지의 여부와 관련된 것이 아니다. 오히려 시간적, 공간적으로 관찰하기 쉬우면 쉬울수록 그 현상은 이해하기 어려운 법이다.

세계에 대한 우리의 지식은 행복을 갈망하는 마음의 의식과 행복 달성을 위해 동물적 자아를 이성에 종속시켜야 하는 의식에서 비롯된다. 우리가 동물의 생활을 안다고 한다면, 이는 단지 우리가 동물에게도 행복에 대한 갈망뿐 아니라 동물도 유기체의 법칙으로 나타나는 이성의 법칙에 따라야 한다는 필연성을 인정한다는 의미다. 또한 우리가 물질을 안다고 한다면, 이는 단지 우리가 그것의 행복을 이해할 수 없지만, 그 물질 속에서 우리에게서 찾아볼 수 있는 현상, 즉 그들을 지배하는 이성의 법칙에 따라야 한다는 필연성을 인정한다는 의미다. 결론적으로 세계에 대한 우리의 지식은, '생명이란 이성의 법칙을 따름으로 인해 달성되는 행복에 대한 갈망'이라는 지식을 다른 사물에 적용함으로써 얻어지는 것이다.

그렇다고 해서 동물을 지배하는 법칙으로 우리 자신을 모두 다 알 수 있는 것은 아니다. 자기 안에서 인정하는 법칙에 의해서만 동물을 알 수 있는 것이다. 더구나 우리는 물질 현상에 의해서 파악한 자기 생활의 법칙으로 우리 자신을 알 수는 없다. 우리가 외부 세계에 대한 지식을 갖게 되는 이유는, 우리가 자신을 알고, 자기 안에서 세계와의 세 가지 다른 관계를 발견하기 때문이다.

세 가지 다른 관계란 첫째, 세계에 대해 자신의 이성적 의식이 갖는 관계이고 둘째, 세계에 대해 자신의 동물적 의식이 갖는 관계이며 셋째, 동물적 육체에 속해 있는 물질의 관계다. 따라서 우리가 세계에서 보는 삼라만상은 항상 세 가지의 서로 다른 범주, 즉 ①합리적 존재 ②동물과 식물 ③무생물이라는 배경법配景法 속에 배치되는 것이다.

사람은 언제나 세계 속에서 이 세 가지 범주를 보게 되는데, 그 이유는 우리 자신 속에 이 세 가지 지식의 대상을 포함하고 있기 때문이다. 따라서 우리는 자기 자신을 ①동물을 지배하는 합리적 의식 ② 합리적 의식에 따르는 동물 ③동물에 따르는 물질로 알고 있다.

누구나 생각하는 것처럼, 우리가 유기체의 법칙을 알 수 있다는 것은 물질의 법칙에 속하는 지식에 의해서가 아니다. 또한 우리가 합리적 의식으로 자신을 알 수 있다는 것은 유기체의 법칙에 속하는 지식에 의해서가 아니라 오히려 그 반대다. 무엇보다 우리는 자기 자신, 즉 우리의 행복을 위해서 개성을 종속시켜야 할 이성의 법칙을 알 수 있게 될 뿐 아니라, 또 알아야 한다. 그리고 그때 우리는 동물적 자아 및 이와 비슷한 다른 자아의 법칙과 자기에게서 멀리 있는 물질의 법칙을 알 수 있게 되고 또 알아야 한다.

우리는 단지 자신만을 알아야 하며, 또 자신만을 알고 있을 뿐이다. 우리의 관점에서 본다면, 동물의 세계는 우리가 자기 안에서 이미 알고 있는 바를 반영한 것에 지나지 않는다. 그리고 물질의 세계는 그 반영에 불과하다.

우리가 물질의 법칙을 특히 뚜렷하게 생각하는 이유는, 우리가 그것을 늘 변화 없이 일정하다고 느끼기 때문이다. 그리고 물질의 법칙이 일정하게 느껴지는 이유는 우리가 의식하는 생활의 법칙에서 물질의 법칙은 특히 먼 곳에 위치하기 때문이다.

유기체의 법칙 역시 우리로부터 멀리 떨어져 있기 때문에 우리 생활의 법칙보다 단순하게 느껴진다. 그러나 여기에서도 우리는 단지 그 법칙을 관찰할 뿐 그것을 알고 있지는 못하다. 우리가 자신이 이행해야 할 합법적 의식의 법칙을 아는 것과 달리, 우리는 이들 동물적인 존재와 물질적인 존재 가운데 어느 하나도 알지 못한다. 단지 자신의 밖에서 이것들을 관찰할 뿐이다. 우리가 분명히 알고 있는 것은, 합리적 의식의 법칙은 우리의 행복을 위해서 반드시 필요하다는 점이다. 즉, 우리는 이 합리적 의식에 의해 살고 있는 것이다. 그리고 이 합리적 의식을 눈으로 볼 수 없는 이유는 그것을 내다볼 수 있는 보다 높은 의식을 우리가 가지고 있지 못하기 때문이다.

합리적 의식이 우리의 동물적 자아를 종속시키고 있는 것처럼, 그리고 동물적 자아가 물질을 종속시키고 있는 것처럼, 합리적 의식을 종속시키는 좀 더 높은 존재가 있다면 이 높은 존재는 우리의 합리적 생활을 동물적 생존과 물질적 생존처럼 볼 수 있게 만들 것이다.

사람은 자신의 참된 생활을 스스로 누려나가고 있다. 그러나 사람은 자신의 생활과 결부된 이 두 가지 존재 양식에 참여할 수가 없다. 사람을 이루는 육체와 물질은 그 자체가 독립된 존재이기 때문이다.

참된 생활에 있어서 육체와 물질이라는 두 가지 존재 양식은 사람을 위해 활동에 필요한 도구나 재료를 제공하지만 활동, 즉 그 일 자체는 제공하지 않는다. 따라서 자기 일에 필요한 도구나 재료를 연구한다는 것은 매우 유익하다. 우리는 이 도구와 재료를 잘 알면 알수록 일을 쉽게 해나갈 수 있다.

생활에 깃들어 있는 두 가지 존재 양식에 대한 연구는, 마치 거울의 반영처럼 사람에게 모든 존재물의 일반적 법칙, 즉 이성의 법칙에 종속해야 한다는 사실을 가르친다. 단, 우리는 일의 재료와 도구를 일 그 자체와 혼동해서는 안 된다.

아무리 다른 사람 속에서 관찰하고 접촉하며 볼 수 있는 생활, 즉 특별한 노력 없이 이루어지는 생활을 연구한다고 해도, 이 생활은 늘 신비한 것으로 남을 것이다. 그런 만큼 사람이 인식할 수 없는 생활을 관찰만으로는 이해할 수 없다. 그리고 영원한 시간과 공간으로 덮여 있는 이 신비스러운 생활만을 관찰하고서는 자신의 의식 속에서 펼쳐지고 있는 자기 생활, 즉 모든 것에서 완전히 독립된 자신이 가장 잘 아는 동물적 자아를 자신이 가장 잘 아는 이성의 법칙에 종속시킴으로써 이루어지는 참다운 생활을 도저히 해명할 수 없을 것이다.

행복에 대한 갈망

LEV NIKOLAYEVICH TOLSTOI

사람은 절벽 아래에서 자신을 끌어올릴 수 있는 날개를 갖고 있다.
이러한 날개가 없다면 사람은 결코 위로 올라갈 수 없으며,
심연 속을 굽어볼 수도 없다.
따라서 자신의 날개를 믿고, 그 날개가 끌어올리는 방향으로 날아가면 된다.

사람은 동물적 자아를 이성의 법칙에 복종시킴으로써 달성되는 행복
에 대한 욕구에 의해서 생활하고 있다고 믿는다. 이것 이외의 인생을
알지 못하는 것이다. 물론 알 수도 없다. 사실 사람은 동물을 구성하
는 물질의 법칙과 유기체의 몇 단계 높은 법칙을 따라야 비로소 살아
있음을 인식하게 된다.

물질의 어떤 결합 속에서 유기체의 몇 단계 높은 법칙이 종속 관계
를 이룰 경우, 우리는 이 결합 속에서 생명을 인정하게 된다. 하지만
이러한 종속 관계가 시작되지 않았거나 끝났을 경우에는 이 물질을
다른 기계적, 화학적, 물리적 법칙만이 작용하는 물질과 구별할 수 없

기 때문에 우리는 거기서 동물적 생명을 인정할 수 없게 된다.

이와 마찬가지로, 우리는 자신의 동물적 자아가 유기체로서의 법칙뿐 아니라 몇 단계 높은 합리적 의식의 법칙에 따를 경우에만 다른 사람도 살아 있는 것이라고 인식한다. 이성의 법칙에 대한 자아의 이와 같은 종속 관계가 없어지는 순간, 우리는 다른 사람이나 자기 자신 안에서 인간 생활을 인정하지 않을 수 없다.

인사불성, 정신 착란, 자살 시도, 발작 등을 일삼는 사람의 행동이 아무리 기운차고 거침없어도 우리는 그를 산 사람이라고는 인정하지 않을 뿐 아니라, 생명이 있는 사람이라고도 보지 않는다. 단지 그 사람 안에 존재하는 생명의 가능성만을 인정할 뿐이다. 이에 반해, 아무리 허약하고 제대로 움직이지 못하는 사람이라고 해도 그의 동물적 자아가 이성을 따르고 있다면 우리는 그를 생명이 있는 사람으로 인정하고 그렇게 대접한다. 즉, 우리는 인생을 이성의 법칙에 동물적 자아가 종속된 결과물로 이해할 수밖에 없는 것이다.

생명은 시간과 공간 속에 존재하긴 하지만, 시간과 공간의 조건에 의해 결정되는 것이 아니라, 이성에 대한 동물적 자아의 종속 정도에 따라 결정된다. 생명을 시·공간적 조건에 의해 결정하는 것은 사물의 높이를 잴 때 길이나 넓이로 측정하는 것과 같은 이치다.

참된 인간의 생활과 동물적 자아의 생존 관계, 다시 말해 참된 생활과 시·공간 속에 구속된 생활과의 관계는 평면에서 움직이며 동시에 위를 향해 나아가는 물체의 운동과 같다. 위를 향해 나아가는 물체의 운동은 평면에서의 물체의 운동과는 관계가 없다. 즉, 그 운동은 평면에서의 운동에 의해 증대되거나 감소될 수 없다. 인간 생활도 이와 마찬가지다. 참된 생명은 언제나 개체 속에 나타나지만, 그 개체의 생존과는 관계가 없다. 즉, 그 개체의 생존에 의해 참된 생명이 감소될 수는 없다. 또한 인간의 동물적 자아를 구속하는 시 · 공간의 조건은 합리적 의식에 대한 동물적 자아의 종속에서 성립되는 참된 생활에 영향을 미칠 수 없다.

살기를 원하는 사람은 시 · 공간에 구속된 자신의 활동을 중지시키거나 소멸시킬 수 없다. 그러나 참된 생활이란 눈에 보이는 시 · 공간에 구속된 활동에 개의치 않고 동물적 자아를 이성에 종속시킴으로써 행복을 누리는 활동이다. 즉, 동물적 자아를 이성에 종속시켜 더욱 큰 행복을 누리는 활동 속에 진정한 생활이 있는 것이다. 그리고 인간의 생활은 동물적 자아를 이성에 종속시키는 활동이 끊임없이 증대되지 않는 한, 눈에 보이는 수많은 시 · 공간이라는 방향을 향해 나아가는 생존에 불과하다. 위로 오르는 운동이 있을 경우, 즉 동물적 자아를 이성에 종속시키는 활동이 늘 증대하고 있을 경우에는 두 방향으로 향하며, 나아가 두 개의 힘과 위를 향해 나아가는 하나의 힘 사이에 일정한 관계가 성립된다. 여기서 인간의 생존을 인간 생명의 영역으로 끌어올리려는 움직임이 크든 작든 일어나게 마련이다.

시 · 공간의 힘은 인생의 관념에는 용납되지 않는 한정적이고도 유한적인 것이다. 그러나 이성을 따름으로써 생기는 행복을 갈망하는

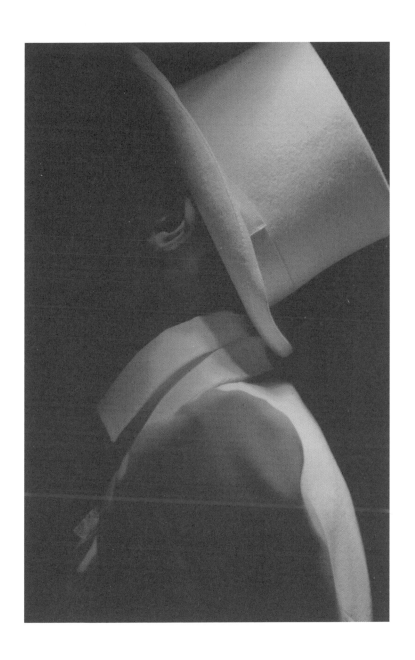

행복에 대한 갈망

힘은 늘 변함없는 인생의 힘 그 자체라 할 수 있다.

　사람은 생활이 정지되거나 분열될 수 있다고 생각하지만, 이는 단지 외면적 감정의 속임수와 비슷한 의식의 속임수에 지나지 않는다. 참된 생활에는 정체나 동요는 있지도 않고, 또 있을 수도 없다. 단지 인생을 보는 우리의 눈이 잘못되었을 때 그렇게 생각될 뿐이다. 이미 사람은 참된 생활을 누리기 시작하고 있다. 즉, 동물적 생활보다 한층 높은 단계에 올라가 있는 것이다. 하지만 사람들은 이러한 생활을 참된 생활이라고 인정하지 않은 채 그 높은 곳에서 자신의 눈앞에 펼쳐진 광경을 보고 두려움에 벌벌 떨고 있다. 그리고 자신을 이 높이까지 끌어올린 힘이 자신의 생명이라 생각하고, 높이 올라간 자신의 앞에 펼쳐진 광경에 겁을 먹은 채 눈앞의 낭떠러지를 보지 않기 위해 일부러 아래로 내려와 되도록 낮은 곳에 자리를 잡으려고 한다. 그 순간 이상적인 힘이 다시금 그를 높은 곳으로 이끌려고 한다. 그러자 그는 다시 겁을 집어먹고 높은 곳에서 눈길을 돌리기 위해 땅 위에 엎드려버리고 마는 것이다. 이러한 위로의 운동으로부터 오는 공포에서 벗어나려면 평면에서의 운동, 즉 공간적, 시간적 생존만이 생활의 전부가 아니며 자신의 생활은 위로 향한 운동이고 이성의 법칙에 동물적 자아를 종속시킬 때 비로소 행복의 가능성이 높아진다는 사실을 깨달아야 한다.

　사람은 절벽 아래에서 자신을 끌어올릴 수 있는 날개를 갖고 있다. 이러한 날개가 없다면 사람은 결코 위로 올라갈 수 없으며, 심연 속을 굽어볼 수도 없다. 따라서 자신의 날개를 믿고, 그 날개가 끌어올리는 방향으로 날아가면 된다. 이러한 믿음이 부족할 때 생활의 동요와 정지, 의식의 분열 같은 현상이 일어나는 것이다.

그리고 시·공간에 대한 동물적 생존이 곧 자신의 생명이라고 생각하는 사람들은 합리적 의식이 간혹 동물적 생존 속에서 나타난다고 생각한다. 이러한 사람들은 종종 "언제, 어떠한 조건 하에서 내 안에 합리적 의식이 나타날까?"라고 자문하곤 한다. 하지만 안타깝게도 이러한 사람들은 자신의 과거를 아무리 곰곰이 생각해봐도 합리적 의식이 나타나는 순간을 발견할 수 없다. 그래서 그들은 자신 앞에 이러한 삶이 나타난 적이 없다거나, 반대로 늘 자신 앞에 나타나 있는 상태라고 생각하는데, 이는 합리적 의식에 의한 생활이야말로 참된 생활이라는 사실을 스스로 인정하지 않기 때문에 생기는 현상이다.

사람은 시·공간의 조건에 매여 있는 동물적 생존만이 자기 생활이라고 생각하면서, 합리적 의식에 의한 행위를 같은 잣대로 재려고 한다. 그래서 "나는 언제, 얼마 동안, 어떤 상태에서 합리적 의식의 지배를 받고 있었을까?"라고 자문하는 것이다. 그러나 합리적 생활의 각성과 각성 사이에 간격이 있는 사람은 오직 자신의 생활을 동물적 자아의 생활로 이해하는 사람들뿐이다. 자신의 생활을 있는 그대로, 합리적 의식의 활동으로 이해하는 사람에게는 이러한 간격이 있을 수 없다.

합리적인 생활은 존재한다. 오직 그 하나만이 존재하며, 거기에는

1분의 간격도, 수만 년의 간격도 없다. 합리적인 생활에는 시간이라는 것이 존재하지 않기 때문이다. 인간의 참된 생활은 자신의 개성을 이성의 법칙에 종속시킴으로써 달성해야 할 행복에 대한 갈망이다. 이성도, 그것에 대한 종속의 정도도 모두 공간이나 시간에 의해서 결정되는 것이 아니다. 참다운 인간의 생활은 공간이나 시간을 초월해서 이루어지는 것이다.

개인의 행복을 버리는 것은
미덕이 아니다

LEV NIKOLAYEVICH TOLSTOI

오늘날의 인생관에 따르면, 인생이란
동물적 자아의 탄생에서부터 죽음에 이르기까지의
보잘것없는 시간이다.
그러나 이것은 인생이 아니다.

생활은 행복에 대한 욕구다. 사람들은 생활을 이렇게 풀이했고, 현재
도 이렇게 풀이하고 있으며, 미래에도 이렇게 풀이해나갈 것이다. 그
러므로 인생은 인간적 행복에 대한 갈망이라고 할 수 있다. 그런데
사색을 하지 않는 사람은 인간의 행복이 동물적 자아의 행복에 있다
고 보고 있다.

그릇된 과학은 행복의 관념을 뺀 채 동물적 생존을 꾀하는 것이 인
생이라고 해석하고 있다. 즉, 인생의 행복은 동물적 행복 속에만 존재
한다고 인정함으로써 대중의 그릇된 견해와 일치하고 있는 셈이다.

이러한 그릇된 견해는 자아, 즉 과학에서 말하는 소위 개성을 합리

적 의식과 혼동하는 데서 생겨난다. 합리적 의식은 그 속에 자아를 내포하고 있다. 하지만 자아는 그 속에 합리적 의식을 내포하고 있지 않다. 자아는 동물의 본성이며, 동물로서의 인간 본성이다. 반대로 합리적 의식은 인간만이 갖는 본성인 것이다.

동물은 오직 자신의 육체를 위해서만 생활할 뿐이다. 그리고 어느 누구도 동물이 그렇게 살아가는 것에 훼방을 놓지 않는다. 동물은 무의식적으로 종족에 봉사하면서 개성을 망각하고 있다. 하지만 이성이 있는 인간은 육체를 위해서만 살 수는 없다. 왜냐하면 인간은 자신이 개성을 지닌 존재이며, 다른 사람도 자신과 같은 각각의 개성을 지니고 있고, 이러한 개성과 개성의 관계에서 일어나는 일들을 잘 알고 있기 때문이다. 사람이 자기 한 몸의 행복만을 생각해 자아만을 사랑한다면, 이는 다른 존재 역시 자기 자신만을 사랑한다는 사실을 모르는 것이다. 그러나 개성을 지닌 주위의 다른 존재들처럼 자신도 개성과 욕구를 지닌 존재라는 사실을 안다면, 합리적 의식 측면에서 일종의 악으로밖에 보이지 않는 행복만을 갈망하진 않게 될 것이다. 즉, 개인적 행복을 꾀하는 것에 생활의 의의가 있다고 생각하지 않을 것이다.

그런데 사람들은 가끔 동물적 자아의 욕구가 충족되면 행복해질 수 있다고 생각하는 경향이 있다. 이런 착각이 드는 이유는, 사람들이 동물적 자아에 의해 일어나는, 눈에 보이는 것들을 합리적 의식의 활동 목표로 삼기 때문이다. 이는 마치 꿈에서 본 장면들을 잠에서 깬 뒤에도 실현하려고 하는 것과 같다.

그리고 이때 그릇된 가르침이 위선적인 가르침의 지지를 받는다면, 사람들은 곧 동물적 자아와 합리적 의식의 혼동을 경험하게 된다. 그러나 합리적 의식은 동물적 자아의 요구를 충족시키는 것이 행복이나 생활이 될 수 없다고 가르침으로써 사람들을 참다운 행복과 그에게 알맞은 생활, 즉 동물적 자아 속에만 머물러 있을 수 없는 생활로 억지로 이끌어나간다.

사람들은 개인의 행복을 버리는 것은 위대한 일인 동시에 인간의 미덕이라고 생각하며, 또한 그렇게 말하고 있다. 그러나 많은 사람들의 생각과 달리, 개인의 행복을 버리는 것은 미덕이나 위대한 일이 아니다. 오히려 인간 생활의 불가피한 조건이다. 사람은 자신을 세계에서 떨어져 나온 한 개인으로 의식하는 동시에, 다른 사람들 역시 세계에서 떨어져 나온 한 개인으로 인식하고 있다. 그리고 이 상호관계 속에서 자신의 행복은 환상에 불과하며, 자신의 합리적 의식을 만족시킬 수 있는 행복만이 현실성을 가진다는 점을 인정해야 하는 것이다.

동물 세계에서는 자신의 행복을 목적으로 하지 않는 활동, 즉 자신의 행복과 정면으로 대립되는 활동은 곧 생활을 부정하는 것이다. 하지만 사람이 사는 이 세계에서는 전혀 반대다. 즉, 자신만을 위한 활동은 인간의 생활을 완전히 부정하는 것이다.

생존의 비참함과 유한함을 지시하는 합리적 의식을 갖지 않은 동물에게는 개체적 행복과 그로부터 흘러나오는 개성 종속이 생활의 최고 목적일 수밖에 없다. 그러나 이성을 지닌 인간은 이러한 저급한 동물적 생존 단계에 머물러 있어서는 안 된다. 즉, 합리적 의식이 가리키는 개인 행복과 일치하지 않는 참된 행복을 추구해야만 하는 것이다. 인간에게 있어서 동물적 자아라는 의식은 생활 그 자체가 아니다. 하지만 여기서 최고의 행복을 얻기 위한 노력이 시작된다.

오늘날의 인생관에 따르면, 인생이란 동물적 자아의 탄생에서부터 죽음에 이르기까지의 보잘것없는 시간이다. 그러나 이것은 인생이 아니다. 이는 단지 동물적 자아로서의 생존에 불과하다. 모름지기 인생이란 개체의 동물적 생존이라는 형태로 나타나기는 하지만, 이것이 전부는 아니다. 이는 마치 물질적 존재 속에 유기적 생명이 형태를 갖추고 나타나기는 하지만 그것이 전부가 아닌 것과 같다.

사람은 무엇보다도 제일 먼저 눈에 보이는 개성의 목적이 생활의 목적이라고 생각한다. 이것은 눈에 보이는 만큼 이해하기 쉬운 듯이 보인다. 반면, 합리적 의식에 의한 목적은 눈에 보이지 않기 때문에 사람들은 이것을 잘 알 수가 없다. 게다가 인간은 눈에 보이는 것을 버리고 눈에 보이지 않는 것을 따른다는 것에 두려움을 느낀다.

그릇된 가르침에 물든 사람은 자신과 다른 사람에게서 모두 찾아볼 수 있는 동물적 요구를 매우 간단하고 분명한 것으로 생각한다. 반면, 눈에 보이지 않는 합리적 의식의 이질적인 새로운 요구는 이와는 매우 상반된 것처럼 여긴다. 저절로 이루어지는 것이 아니라 힘써서 행해야 하는 이 새로운 요구는 아무래도 복잡하고 명료하지 않은 듯이 보인다. 사실, 눈에 보이는 인생관을 내팽개치고 눈에 보이지 않는 의식을 따른다는 것은 두렵고 언짢은 일일 수 있다. 그러나 눈에 보이는 동물적인 인생관을 따르면 반드시 죽음만을 향해서 가게 되며, 눈에 보이지 않는 의식만이 생명을 준다는 사실이 분명한 이상, 아무리 두렵고 언짢더라도 그렇게 해야 하지 않겠는가!

동물적 자아, 인간에게 주어진 재능

LEV NIKOLAYEVICH TOLSTOI

인간에게 동물적 자아는 인간이 활동할 때 반드시
필요한 도구로, 마치 땅을 파기 위해 주어진 삽과도 같다.
동물적 자아는 보존하기 위해서가 아니라,
사용하기 위해서 인간에게 주어진 재능이다.

누구의 이론을 검토해봐도 사람의 생존은 끊임없이 죽음을 향해 멸
망의 길을 더듬어가는 그 무엇이다. 따라서 동물적 자아에는 생명이
란 있을 수 없다는 분명한 진리를 어떤 논법으로도 감출 수가 없다.

우리는 세상에 태어난 순간부터 죽음에 이를 때까지의 과정이 인
간적 존재가 피할 수 없는 동물적 자아의 끊임없는 소모와 감소에 지
나지 않는다는 사실을 알아야 한다. 따라서 늘 자아의 확대와 불멸을
추구하는 동물적 개성의 생활 의식은 끊임없는 모순과 고통에 시달
릴 수밖에 없다. 그래서 우리는 사람이 살아가는 유일한 의미는 행복
해지는 데 있음에도 자기 자신은 늘 불행하다고 느끼는 것이다.

인간의 참된 행복이 무엇으로 이루어졌든지 간에 동물적 자아의 행복을 부정하는 일은 반드시 필요하다. 동물적 자아의 행복을 부정한다는 것은 인간 생활의 법칙이다. 만일 이 법칙이 합리적 의식에 복종하는 형태로 표현되면서 자유롭게 실행되지 못한다면, 이 법칙은 육체적 죽음에 임박한 사람이 임종의 고통을 못 견디어 단 하나의 간절한 소망, 즉 죽음이라는 괴로운 의식에서 벗어나 다른 새로운 형태로 존재하길 소망할 때 비로소 강제적으로 실행될 것이다.

이 세상에 태어난 인간에게 일어나는 일은 마치 말을 마구간에서 끌어낸 뒤 멍에를 씌울 때 말에게서 일어나는 일과 비슷하다. 마구간에서 끌려나온 말은 밝은 빛을 보고 자유를 느끼며, 그 자유 속에 자신의 참된 생활이 있다고 생각한다. 그러나 말은 마차를 끌어야 하며, 짐 때문에 힘이 든다. 자유롭게 달리는 것이 말의 참된 생활이라는 사실을 안다면, 말은 몸부림치기도 하고 땅에 쓰러지기도 해서 때로는 상처도 입을 것이다. 말이 이러한 상황에서 벗어날 수 있는 길은 두 가지밖에 없다.

첫 번째 방법은 마차를 그대로 끌고 가는 것이다. 그러다 보면 어느 순간 마차의 짐이 무겁게 느껴지지 않을 것이다. 또한 마차를 끌고 달리는 것이 괴로움보다 즐거움이 된다는 사실을 깨달을 것이다. 두 번째 방법은 짐을 끌고 가라는 주인의 명령을 거역하는 것이다. 그렇게 되면 말은 방앗간으로 끌려가 밧줄로 꽁꽁 묶인 채 어둠 속에서 끙끙대며 제자리걸음을 걸어야 한다. 결국 이 말은 방앗간에서 일하기 싫어도 하던 일은 끝내야 할 것이다. 결국, 이 두 가지 방법의 차이는 첫 번째 말이 자발적으로 기꺼이 일하는 데 반해, 두 번째 말은 하기 싫으면서도 억지로 일하는 데 있을 뿐이다.

동물적 자아가 곧 인생이라고 인정하는 사람들은 "사람에게 개성이라는 것이 왜 있는 것일까? 인간인 내가 생명을 이어나가기 위해서는 행복을 거절할 수밖에 없지 않은가!"라고 말한다. 이들의 말처럼, 정말 무엇 때문에 참된 생활의 구현을 가로막는 동물적 자아라는 개성 의식이 우리 인간에게 부여된 것일까? 이에 대한 해답은 자신의 생명과 종족 보존이라는 목적을 향해 나아가고 있는 동물들에게서 찾아볼 수 있다.

동물적 개성을 존속하기 위해 동물이 애써 처리해나가야 할 물질과 법칙은 동물에게 있어서 장애가 아니라 목적을 달성하기 위한 수단이다. 동물은 신진대사라는 물질의 법칙에 의해 살아나간다. 인간 생활에 있어서도 마찬가지여서, 인간이 자신의 존재를 확인할 수 있는 동물적 자아, 즉 합리적 의식에 종속되어야 하는 동물적 자아는 결코 장애물이 아니라 행복이라는 목적을 달성하기 위한 수단이다. 즉, 인간에게 동물적 자아는 인간이 활동할 때 반드시 필요한 도구로, 마치 땅을 파기 위해 주어진 삽과도 같다. 잘 닦아서 보관해둘 삽이 아니라 땅을 팜으로써 점점 닳아가는 삽이다. 이런 점에서 동물적 자아는 보존하기 위해서가 아니라, 사용하기 위해서 인간에게 주어진 재능이다.

성경에 "누구든지 제 목숨을 구원코자 하면 잃을 것이요, 누구든지 나를 위해 제 목숨을 잃으면 찾으리라."라는 말이 나온다. 이 말은, 끊임없이 멸망해가고 있는 것은 보존할 수 없으며, 우리는 멸망하지 않을 수 없는 우리의 동물적 자아를 보존해야만 참된 생명, 즉 영원히 멸망하지 않을 뿐 아니라 멸망할 리가 없는 생명을 이어갈 수 있다는 뜻이다. 게다가 이 말은 생명을 지탱하기 위한 음식물을 얻기 위해 삽을 아껴서 보관해두는 사람은 음식물과 생명을 모두 잃게 되리라는 사실도 말해주고 있다.

생명 발생의 비밀

LEV NIKOLAYEVICH TOLSTOI

생명은 인간의 빛이며, 삼라만상의 근원이다.
이런 생명의 발생을 사람이 어떻게 알 수 있겠는가? 생명은 참된 존재인 만큼
사람에게 있어서 발생할 수도, 멸망할 수도 없는 대상인 것이다.

그리스도는 "내가 너에게 거듭나야 한다고 말한 것을 이상하다고 여
기지 말라."고 했다. 이 말은 누군가가 사람에게 태어나라고 명령했다
는 의미가 아니라, 사람은 필연적으로 그렇게 되지 않으면 안 된다는
의미다. 생명을 갖기 위해서 인간은 합리적 의식 속에서 새롭게 태어
나지 않으면 안 된다.

사람에게 합리적 의식이 부여된 이유는 의식에 의해서 이루어질
행복 속에서 우리 모두가 생활을 찾아낼 수 있도록 하기 위해서다.
행복 속에서 생활을 찾는 사람은 생명을 지닐 수 있지만, 동물적 자
아의 행복 속에서 생활을 찾는 사람은 스스로 자신의 생명을 잃어버

리는 것이다. 그리스도의 인생에 대한 정의는 이 한마디 말로 성립된다고 해도 과언이 아니다.

개인적 행복의 갈구를 인생이라고 생각하는 사람은 이 말을 인정하지 않는 것은 아니지만, 의미를 이해하지는 못한다. 아니, 이해할 수가 없다. 그들에게는 이러한 말이 전혀 의미가 없거나, 극히 빈약한 의미, 또는 무슨 감상적이고 신비적인 경향이 있는 의미쯤으로 생각되기 때문이다. 이는 마치 아주 말라서 싹이 나올 수 없게 된 씨앗이 습기를 머금은 채 곧 움트려고 준비하고 있는 씨앗의 상태를 이해하지 못하는 것과 같다.

말라버린 씨앗에게는 하늘의 태양도 무의미하며, 그저 약간의 열과 빛을 내려주는 존재에 불과하다. 하지만 싹이 트려고 준비 중인 씨앗에게는 태양이 탄생의 가장 큰 원인이다. 동물적 자아와 이성적 의식과의 내적 모순에 도달하지 못한 사람도 이와 마찬가지다. 그들에게는 이성이라고 하는 태양의 찬란한 빛도 무의미한 우연에 불과하거나 감상적이고 신비적인 요소로밖에는 보이지 않는다. 태양은 이미 생명이 싹트기 시작한 것에만 생명을 가져다준다는 사실을 깨달아야 한다.

그리스도는 사람의 생명이 어떻게 생겨났는지 대해 "생명의 발생은 누구도 모른다. 아니 알 수가 없다."고 말했다. 사실, 어느 누가 어떻게 생명 발생의 비밀에 대해서 알 수 있단 말인가? 생명은 인간의 빛이며, 삼라만상의 근원이다. 이런 생명의 발생을 사람이 어떻게 알

수 있겠는가? 생명은 참된 존재인 만큼 사람에게 있어서 발생할 수
도, 멸망할 수도 없는 대상인 것이다.

3장

남의 행복을
위해
살아간다면

자신보다 남을 더 사랑하게 된다면

LEV NIKOLAYEVICH TOLSTOI

남의 행복을 원하는 것이야말로 인생이라는 사실을 안다면
전혀 다른 세계를 발견할 수 있다. 자신보다 남을 더 사랑하게 된다면,
자신을 위해서만 사는 사람들과 달리 죽음을 행복과 생명의 단절이라고
생각하지 않게 될 것이다.

합리적 의식은 인간에게 반박할 여지없이 단호하게 말한다. 즉, 합리적 의식은 현 세계의 조직에서는 개인을 위한 행복은 있을 수 없으며, 사람의 생명은 오직 자신만의 행복을 얻으려는 욕망으로 가득 찼다고 말하고 있다. 그런데 사람들은 이러한 행복을 얻는 것이 불가능하다는 사실을 어느 정도 알고 있다. 그렇다면 이상하지 않은가? 행복을 얻는 것이 불가능하다는 사실을 인정하면서도 사람들은 여전히 자기 한 몸만을 위한 행복을 찾고 있으며, 오직 그것만을 위해 살고 있으니 말이다.

아직까지 동물적 자아를 합리적 의식에 종속시키지 못한 사람은

스스로 자살이라도 하지 않는 한 계속해서 얻을 수 없는 행복을 갈구하며 살아가게 된다. 결국 그가 살아서 움직이는 이유는 자신만의 행복을 얻기 위해서인 셈이다. 다시 말해, 살아가고 있다는 것은 자신만 행복하고 즐겁기 위해 일한다는 의미인 동시에 자신만 고통과 죽음에서 벗어나기 위해 애쓴다는 의미다. 즉, 다른 사람이나 생물들이 살아서 움직일 수 있도록 노력한다는 의미는 결코 없는 것이다.

놀라운 일이 아닌가? 자신의 경험 및 주변의 온갖 생활에 대한 관찰과 이성이 개인의 목적은 이루어질 수 없을 뿐 아니라, 나 이외의 존재들 역시 자기 자신을 사랑할 뿐 다른 존재는 사랑하지 않는다는 사실을 말해주고 있다. 그런데도 아직까지 각 개인의 생활은 오로지 재물, 권력, 명예, 영광, 아부, 호의 등의 수단을 이용한 자기 자신의 행복만으로 이루어져 있는 것이다.

사람들은 개인의 행복이라는 목적을 달성하기 위해서 힘이 자라는 한 무엇이든지 다 해왔고, 지금도 그렇게 하고 있다. 하지만 그들은 동시에 자신들이 불가능한 일을 하고 있다는 사실을 느낀다. 그리고 스스로에게 "나의 생활은 행복에 대한 욕구라고 할 수 있다. 이 행복은 다른 모든 사람이 자신보다 나를 더 사랑할 때 비로소 내 손에 넣을 수 있다. 하지만 다른 모든 사람들은 오직 자기 자신만을 사랑한다. 그렇다면 다른 모두로 하여금 나를 사랑하게 하려는 것은 헛수고이겠지만, 그래도 나는 그렇게 할 수밖에 없다."라고 말한다.

몇 세기의 시간이 흐른 뒤에야 인간은 천체天體 사이의 거리를 알왔고, 행성의 무게를 추정했으며, 태양과 별의 성분을 밝혀냈다. 하지만 개인적 행복의 욕구와 이를 부정하는 인류의 생활을 어떻게 조화시켜나가느냐의 문제는 수천 년 동안 대다수의 사람들에게 그대로 남아 있다.

합리적 의식은 한 사람 한 사람에게 "그렇다. 너는 행복을 얻을 수 있다. 단, 모든 사람들이 자기 자신보다 너를 더 사랑할 경우에만 가능하다. 하지만 이것은 무리한 주문이다. 왜냐하면 사람들은 모두 자기 자신만을 사랑하기 때문이다."라고 말한다. 이 말에 따르면, 합리적 의식에 의해 사람에게 계시된 유일한 행복이 다시 합리적 의식에 의해 감추어지고 말았다.

몇 세기의 시간이 지나도 인생에 관한 수수께끼는 여전히 풀리지 않은 채 남아 있다. 하지만 이 수수께끼는 먼 옛날에 이미 해답이 있었다. 그리고 이 수수께끼를 푼 사람들은 자신이 어찌하여 지금까지 이 쉬운 수수께끼를 풀 수 없었는지 의아해하면서 수수께끼에 대한 답을 잠시 잊고 있었다고 생각한다. 이렇듯 현재의 그릇된 가르침으로 인해 풀기 어렵다고 생각되던 수수께끼는 의외로 쉽게 풀리며 해답도 간단하다.

당신은 모든 사람들이 당신을 위해 살고, 또한 그들이 그들 자신보다 당신을 더 사랑해주기를 바랄 것이다. 이러한 소망이 이루어질 수 있는 경우는 단 한 가지뿐이다. 즉, 모든 사람이 다른 사람의 행복을 위해 살고 자기보다 다른 사람을 더 사랑하게 되는 경우뿐이다. 이때 비로소 당신뿐 아니라 다른 사람들도 모두 사랑을 받고, 진정한 행복을 얻을 수 있다. 모든 사람들이 자신보다 남을 더 사랑할 때 비로소 당신의 행복이 이루어질 수 있다면, 하나의 생명을 지탱하고 있는 당신도 자신보다 남을 더 사랑할 수밖에 없지 않겠는가? 이런 경우에만 생존, 경쟁, 고통, 죽음의 공포 등 인간의 생활에 해악을 미치는 요소들이 뿌리째 뽑힐 것이다.

그렇다면 실제 생활에서 그 무엇이 개인의 행복을 불가능하게 만드는 것일까?

첫째, 개인의 행복을 갈구하는 인간 상호간의 생존 경쟁이다.

둘째, 소모와 권태, 고통을 가져오는 외관상의 쾌락이다.

셋째, 죽음이다. 그러나 인간이 자신의 행복을 갈구하지 않고 오직 남의 행복을 위해 노력한다면, 행복을 불가능하게 만드는 요소들이 자동으로 소멸되어 인간은 실제로 얻을 수 있는 행복을 곧 발견할 수 있게 된다.

개인의 행복을 갈구하는 것이 인생이라는 견지에서 세계를 바라볼 때, 인간은 상대방을 멸망시키려는 비이성적인 투쟁을 목격할 뿐이다. 하지만 남의 행복을 원하는 것이야말로 인생이라는 사실을 안다면 전혀 다른 세계를 발견할 수 있다. 즉, 우발적인 현상에 지나지 않는 인간 상호간의 갈등이 아니라, 늘 서로에게 봉사하고 있는 인간의 모습을 찾아볼 수 있을 것이다. 우리는 이러한 상호 봉사 없이 세계가 성립될 수 없다는 사실을 깨달아야 한다. 그렇게만 된다면 결코 손에 넣을 수 없는 개인의 행복을 추구하던 모든 어리석은 행동은 자신과 전 세계의 행복, 즉 분명히 손에 넣을 수 있는 행복을 위한 활동으로 바뀌게 될 것이다.

개인 생활을 비참하게 만들고 개인의 행복을 불가능하게 만드는 제2의 원인은 생명을 소모하고 권태와 고통을 가져오는 외관상의 쾌락, 즉 개인의 쾌락이다. 다른 사람을 행복하게 하기 위한 노력이 곧 인생이라는 사실을 안다면, 외관상의 쾌락에 대한 열망은 곧 소멸되고 만다. 또한 동물적 자아라는 밑 빠진 독에 물을 채우는 헛되고 괴로운 활동은 이성의 법칙과 일치하는 활동, 즉 자신과 남의 행복을 위해 필요한 활동으로 대치된다. 그리고 생명의 활동을 파괴하는 개인적 고통은 남의 행복을 자신의 행복으로 느끼는 감정으로 대치된다.

개인적인 생활을 비참하게 하는 제3의 원인은 죽음의 공포다. 동물적 자아의 행복을 위한 노력보다 남을 행복하게 만들기 위한 노력이 곧 인생이라는 사실을 우리가 안다면, 죽음이라는 괴물은 영원히 눈앞에서 사라지게 마련이다.

죽음의 공포는 육체의 죽음과 더불어 인생의 행복을 잃게 된다는 두려움에서 비롯된다. 만일 인간이 남의 행복을 자신의 행복이라고 생각할 수 있게 된다면, 말하자면 자신보다 남을 더 사랑하게 된다면, 자신을 위해서만 사는 사람들과 달리 죽음을 행복과 생명의 단절이라고 생각하지 않게 될 것이다. 행복과 생명은 남에게 봉사하는 일에

자신보다 남을 더 사랑하게 된다면

의해 소멸되는 것이 절대 아니며, 오히려 봉사와 희생에 의해 더 커지기도 하고 강해지기도 하기 때문이다.

쾌락의 욕구

LEV NIKOLAYEVICH TOLSTOI

쾌락이라는 것이 행복을 주는 경우는 남이 당신에게 그 쾌락을 줄 때뿐이며,
자신을 위해 쾌락을 구하려고 하면
그 쾌락은 권태와 고통밖에는 가져오지 않는다.

그릇된 지식에 현혹된 사람의 의식은 "그러나 그것은 삶이 아니다.
그것은 삶에 대한 거부이며 자살이다."라고 말했다.

그러자 합리적 의식이 답했다. "내가 알기로는 인생이란 그런 것이
고, 이것 이외의 인생은 알 수도 없고 또한 있을 수도 없다. 뿐만 아니
라 나는 이런 생활이 모든 인류의 인생이며 행복이라는 사실을 잘 알
고 있다. 더구나 종전의 세계관에 따르면, 나를 포함한 모든 생물의
생활이 악이며 무의미한 것이지만, 나의 견해에 따르면 이는 인간의
마음속에 심어진 이성의 법칙에 대한 실험일 뿐이다. 또한 나는 무한
히 커질 수 있는 생활의 최대 행복은 단지 모든 사람에 대한 한 사람

한 사람의 봉사라는 법칙, 즉 한 사람 한 사람에 대한 모든 사람의 봉사라는 법칙에 의해서만이 이루어질 수 있다는 사실을 알고 있다."

이에 그릇된 지식에 현혹된 사람의 의식이 말했다. "하지만 그것은 상상의 법칙이지 실제로 실천할 수 있는 법칙은 아니다. 사람들은 모두 자신을 사랑하는 것만큼 남을 사랑하지 않는다. 물론 나도 그들을 그만큼 사랑할 수 없다. 그리고 남을 위해 나의 쾌락을 버리고 고통을 달게 받을 수는 없다. 이성의 법칙 같은 것은 나에게 필요 없다. 나는 오직 나만의 쾌락이 필요하고 고통에서 벗어나고 싶을 뿐이다. 특히 인간끼리 생존경쟁을 하고 있는 현 시점에 나만 혼자 남과 싸우지 않는다면, 내가 남에게 밟혀 죽을 것이다. 모든 인간의 최대 행복이 어떠한 방법에 의해 얻어지든 그것은 내 알 바가 아니다. 나에게 지금 필요한 것은 나 자신의 최대 행복이다."

이 말에 합리적 의식은 이렇게 말했다. "나는 그런 것은 하나도 모른다. 나는 단지 당신이 말하는 그 쾌락이라는 것이 당신에게 행복을 주는 경우는 남이 당신에게 그 쾌락을 줄 때뿐이며, 당신이 자신을 위해 쾌락을 구하려고 하면 그 쾌락은 현재도 그렇듯이 권태와 고통밖에는 가져오지 않는다는 사실을 알 뿐이다. 그리고 당신이 고통에서 벗어날 수 있는 길은 남이 당신을 그 고통에서 벗어나게 해줄 때뿐이다. 당신이 아무리 자신의 힘으로 고통에서 벗어나려고 해도 절대 그럴 수 없을 것이다. 또한 나는, 다른 모든 사람들이 나 하나만을 사랑하고, 나는 자신만을 사랑하며, 되도록 많은 쾌락을 나만 가지고, 나만 고통과 죽음에서 벗어나길 원하는 생활은 끊임없는 고통을 가져온다는 사실도 잘 알고 있다. 자신만을 사랑한 나머지 남과 많이 싸우면 싸울수록 그 사람은 점점 더 나에게 적의를 품고 대항해올 것이다. 그리고 고통은 피하려고 하면 할수록 더욱 강도가 세어지며, 죽음에서 벗어나려고 하면 할수록 죽음에 대한 두려움은 커지게 마련이다. 나는 사람이란 무엇을 하든지 간에 생명의 법칙에 적응해서 생활하지 않으면 행복을 누릴 수 없다는 사실도 알고 있다. 여기서 말하는 생명의 법칙이란 싸움을 의미하는 것이 아니며, 오히려 만물 상호간에 이루어지는 상호 봉사다."

이에 그릇된 지식에 현혹된 사람의 의식이 말했다. "하지만 생명이란 오직 자신의 개성 속에서만 존재하는 것이 아닌가! 다른 존재의 행복 속에서 나 자신의 생명을 상상할 수는 없다."

그러자 합리적 의식은 이렇게 답했다. "그런 일은 나로서는 알 수 없다. 내가 아는 것이란 단지 나의 생활과 세계의 생활, 즉 이전에는 악하고 무의미하게만 여겨졌던 생활이 지금은 내가 스스로 인정하고 있는 이성의 법칙에 따름으로써 같은 행복을 갈구하는 하나의 합리적인 생활처럼 느껴질 뿐이라는 점이다."

이 말을 들은 그릇된 지식에 현혹된 사람의 의식이 말했다. "하지만 그런 일은 나로서는 불가능하다. 더구나 이 불가능한 일을 실행하려고 하지 않는 사람은 없을 것이고, 또한 이 불가능한 일로 자신의 행복한 생활을 상상하지 않는 사람도 없을 것이다."

그러자 합리적 의식은 말한다. "사람들은 흔히 '다른 존재의 행복 속에서 자신의 행복을 찾는 것은 불가능하다'고 말한다. 하지만 다른 존재의 행복이 자신의 행복이 된 상태를 모르는 사람은 없다. 또한 흔히들 '남을 위해 일하거나 괴로워하면서는 행복을 생각할 수 없다.'"

하지만 사람은 이 자비로운 감정에 한번 몸을 맡기면 개인적 쾌락 따위는 무의미한 것이 되어버리고, 그의 생활력은 남의 행복을 위한 노력과 고통으로 변하게 된다. 그리고 이 노력과 고통도 그에게는 행복이 된다. 사람들은 또 '남의 행복을 위해서 자신의 생명을 희생할 수는 없다'고 말한다. 하지만 사람은 이 감정에 한번 빠지면 죽음에 대한 공포 따위는 멀리 사라질 뿐 아니라, 죽음이야말로 자신이 얻을 수 있는 최고의 행복이라고 여기게 된다.

사람이 자신의 행복을 갈망하지 않고 오직 남의 행복을 위해 애쓴다면, 그 사람의 생활은 지금까지의 생활처럼 불합리하고 보잘것없는 것이 아니라, 행복하고 합리적인 것이 된다. 즉, 남의 행복을 위해 생활한다면, 우리는 지금까지처럼 광적이고 허무한 생활이 아니라 인간만이 추구할 수 있는 합리적이고 행복한 생활을 누릴 수 있다. 이성적인 사람이라면 이 같은 사실을 인정하지 않을 수 없을 것이다. 또한 이성적인 사람은, 인류의 생활 목적은 세계의 모든 존재를 이성에 눈뜨게 한 뒤 서로 결합시키는 데 있다는 사실도 알 것이다. 인생이란 이러한 결합을 목표 삼아 앞으로 나아가는 것으로, 이 목표에

도달하면 인간은 제일 먼저 이성의 법칙을 따르게 된다. 그리고 마침내 인생의 행복은 한 사람 한 사람이 각자의 행복을 추구할 때 이루어지는 것이 아니라, 이성의 법칙에 의해서 남들을 행복하게 하려고 애쓸 때만 이루어질 수 있다는 사실을 이해하게 된다.

이뿐만이 아니다. 다른 사람들의 행복을 위해 노력하는 것이 진정한 행복을 약속한다는 사실을 알게 된 다음에는 점차 동물적 생활을 버리고 활동의 목적을 자기중심에서 타인 중심으로 옮겨가는 것이 바로 인류 및 인간과 가까운 생물의 발전을 가져온다는 사실을 깨닫게 될 것이다. 그럼으로써 인간은 인류 생활의 발달은 인간 상호간의 생존 경쟁에 의해 이루어지는 것이 아니라, 반대로 인간 상호간의 반목反目의 감소와 생존 경쟁의 완화에서 이루어진다는 것을 알게 된다. 또한 인간 생활의 향상이란, 세계가 이성을 따름으로써 적의와 경쟁에서 벗어나 점점 화합과 결합을 향해 나아가는 것이라는 사실도 깨닫게 된다.

역사를 되돌아보면서 인간은, 서로 싸우던 인간이 점점 싸우지 않고, 포로나 노예를 죽이던 사람들이 점점 그런 일을 하지 않게 되었으며, 사람을 죽이는 일을 자랑으로 삼던 군인이 이를 더 이상 자랑으로 여기지 않고, 노예 제도를 만든 인간이 이를 폐지해나가고 있으며, 동물을 잡던 인간이 동물을 기르기 시작해 동물이 덜 죽고, 식물을 함부로 대하던 인간이 식물을 함부로 베거나 꺾지 않게 되었다는 사실 등을 알게 될 것이다.

그리고 사람들은, 인류의 위대한 영웅들은 쾌락만을 추구하는 일을 비난하고 절제를 권유한다는 사실을, 또한 후세 사람들에게 존경받고 있는 뛰어난 인물들은 남의 행복을 위해 자신을 희생시키는 모범을 보이고 있다는 사실을 인정하게 된다.

하지만 이것으로 끝이 아니다. 자신의 행복보다 남의 행복을 위하는 생활이야말로 참된 생활이라는 사실을 이성이나 역사보다도 더 강하게, 그리고 더욱 쉬우면서도 전혀 다른 방법으로 우리에게 가르쳐주는 것이 있다. 이는 이성이 인간에게 보여주는 활동 속에, 직접적인 행복을 가져오는 남을 위한 생활 속에, 그리고 인간을 끌어가는 인간의 마음속에 있는 욕구다. 우리는 이 욕구를 '사랑'이라고 부른다.

어쩔 수 없는 욕망

LEV NIKOLAYEVICH TOLSTOI

인간의 생존에서 비롯되는 욕망을 죽을 때까지 세어도 전부 셀 수 없다.
생존의 모든 조건은 욕망이 될 수 있으며, 이때 생존의 조건은 무수히 많다.

이성, 생각, 역사, 내적 감정 등은 사람들에게 인생관의 진실성을 반
드시 확신시킬 수 있다. 하지만 그릇된 가르침을 받아온 사람들은 합
리적 의식과 감정이 요구하는 바를 충족시키는 일이 생활의 법칙일
수 없다고 생각한다.

오늘날 지성인들은 확신에 찬 목소리로 말한다. "개인의 행복을 위
해서 남과 싸워서는 안 된다, 쾌락을 추구해서도 안 된다, 고통을 피
해서도 안 된다, 죽음을 두려워해서도 안 된다고들 하지만, 이는 모두
불가능한 일이다. 이는 생명을 모조리 부정하는 일이다. 내가 동물적
자아의 욕구를 느끼고, 그 욕구가 올바르다고 내 이성이 인정하고 있

남의 행복을 위해 살아간다면

어쩔 수 없는 욕망
•

는데, 어떻게 동물적 자아를 버릴 수 있단 말인가?"

하지만 여기서 주의해야 할 점이 하나 있다. 교육을 받지 않은 단순한 노동자들은 동물적 욕구를 결코 주장하지 않는다는 점이다. 그들은 늘 동물적 욕구와는 정반대되는 욕구를 느끼고 있다. 즉, 합리적 의식의 욕구를 전적으로 무시하고, 합리적 욕구의 정당성을 부정하면서 동물적 자아의 권리를 주장하는 것은 교육을 받은 세련되고 부유한 사람들뿐이다.

교육을 받은 연약하고 게으른 부자들은 늘 자신에게 동물적 권리가 있다는 사실을 입증하려고 노력한다. 그러나 평소 굶주림을 아는 사람은 먹어야 한다는 것을 새삼스럽게 입증하려고 하지 않는다. 그것은 누구나 다 알고 있는 사실로, 새삼스럽게 입증하거나 논박할 만한 성질의 것이 아니라는 점을 잘 알고 있기 때문이다. 그는 그저 묵묵히 먹기만 할 뿐이다. 이렇듯 한평생 육체노동을 해온 무지하고 단순한 인간은 이성을 해치지 않은 채 깨끗이 간직하고 있다. 그렇기 때문에 이런 현상이 일어나는 것이다.

한편, 일생 동안 무의미하고 쓸데없는 일에 시간을 허비하고 전혀 올바르지 않은 생각만을 일삼은 사람들은 이성을 모조리 상실했다고 볼 수 있다. 말하자면, 그의 이성은 자유를 완벽하게 잃어버린 채 개인적 요구에 대한 생각과 그것의 발달 및 증대를 위한 수단으로 사용될 뿐이다.

세속적인 가르침을 받은 소위 교양 있는 사람들은 "나는 내 개성의 요구를 느낀다. 따라서 이 요구는 정당하다."라고 말한다. 물론 그들은 자기 개성의 요구를 절실히 느끼지 않을 수 없다. 그리고 그들의 모든 생활은 존재하지 않는 개인의 행복을 확대하는 데 소비되고 있으며, 그들은 자기 개성의 요구를 충족시키면 행복을 얻을 수 있다고 생각한다. 여기서 자기 개성의 요구는 개인적 존재로서의 생존을 위한 모든 조건이며, 그들은 여기에 자신의 이상을 집중시킨다. 그리고 이성에 의해 의식된 자기 개성의 요구는, 다시 의식에 의해 무제한으로 확대되어간다. 그래서 그들은 확대되어가는 자기 개성의 요구를 충족시키는 데 온 힘을 기울이느라 참된 생활의 요구에는 주의를 기울이지 못하고 있는 것이다.

동물적 인간의 생존에서 오는 욕망에는 그 생존의 모든 면과 똑같은 수의 요구가 존재한다. 예를 들어 음식·음료에 대한 욕구, 호흡작용·근육 및 신경 운동에 대한 욕구, 노동·휴식·만족·가정생활에 대한 욕구, 과학·예술·종교에 대한 욕구 등 참으로 다양한 욕구가 존재한다. 그리고 이것들은 어린이·청년·어른·노인·아가씨·부인의 요구, 중국인·프랑스인·러시아인·폴란드인의 요구, 민족의 관습이나 질병 등에 적응하기 위한 요구 등등으로 무수히 많은 요구들과 관계를 이룬다.

우리는 인간의 생존에서 비롯되는 이러한 욕망을 죽을 때까지 세어도 전부 셀 수 없다. 생존의 모든 조건은 욕망이 될 수 있으며, 이때 생존의 조건은 무수히 많다.

그렇다고 해도 '요구'는 단지 의식된 조건일 뿐이다. 그러나 의식된 조건은 일단 의식되고 나면 본래의 의의를 잃어버리고, 이성을 늘 거기에 집중시켜 사람으로 하여금 참된 생명에는 관심도 두지 못하게 만들며, 동물적 생존의 조건만을 필요 이상으로 강조한다.

동물적 존재로서의 인간의 조건인 욕망은 얼마든지 크게 할 수 있는 무수히 많은 작은 공에 비유할 수 있다. 무수히 많은 작은 공이 모여서 하나의 육체를 이루고 있는 것이다. 이때 작은 공은 모두 같은 크기며, 각각 일정한 위치를 차지하고 있어서 팽창하지 않는 한 서로를 압박할 염려는 없다. 인간의 욕망도 모두가 비슷한 크기에 각각 일정한 위치를 차지하고 있기 때문에 욕망이 의식되지 않는 한 서로 고통을 느끼는 일은 없다. 그러나 하나의 공이 팽창하기 시작해 다른 공보다 커지게 되면 다른 공뿐 아니라 공 자신도 압박감을 느끼게 된다.

인간의 욕망도 마찬가지다. 인간이 하나의 욕망에만 자신의 이성을 집중시키면, 그 의식된 욕망은 모든 생활을 독점해서 그 사람의 모든 존재를 고통 속으로 몰아넣는 것이다.

인생이란 자아의 생존이 아니다

LEV NIKOLAYEVICH TOLSTOI

인간이 버려야 하는 것은 동물적 자아가 아니라 동물적 개인의 행복이다.
그리고 인간은 동물적 생존을 인생 자체라고 생각해서는 안 된다.

사람이 합리적 의식의 요구를 느끼지 못하고 단지 자아의 요구만을 느낀다는 것은 동물적 욕망을 만족시키는 데 이성을 여지없이 드러낸 결과로, 이는 동물적 욕망의 지배를 받아 인간의 참된 생활을 깨닫지 못하고 있음을 뜻한다. 무성한 악덕惡德의 잡초가 참된 생활의 싹을 밀어낸 것이다.

하지만 "대중의 행복은 되도록 많은 대중의 요구를 충족시키는 데 있다. 사람의 행복은 결국 그 요구를 만족시키는 데 있다."라는 말이 현 시대의 스승이라는 사람들의 입에서 거침없이 나오고 있고 또 그 말이 인정받고 있는 이 세상에서 어떻게 그 스승들을 도외시할 수 있단 말인가? 이들의 가르침을 받아온 사람들은, 자신은 합리적 의식의 요구를 느낀 적이 없고, 동물적 개인의 요구만을 느낄 뿐이라는 말을 내뱉지 않는 것이 오히려 이상할 정도다. 자신의 욕망을 충족시키는 데 이성을 집중시키고 있는 그들이 이성의 요구를 느끼지 못한다는 것은 당연하다. 동물적 욕망이 그들의 생활 전체를 삼켜버리고 있는데, 어떻게 이성의 요구를 느낄 수 있겠는가?

사람들은 "동물적 개성을 부정하는 일은 불가능하다."라고 말한다. 그리고 동물적 개성을 합리적 의식에 종속시킨다는 말을 동물적 개성을 버리라는 의미로 해석함으로써 문제를 왜곡시키려 하고 있다. 그러면서 "그것은 부자연스러운 일이다. 따라서 불가능하다."라고 말한다. 하지만 아무도 동물적 개성을 버리라고 말하지 않았다. 동물적 자아를 유지하는 데 호흡과 혈액 순환이 반드시 필요한 것처럼 합리적인 인간에게 동물적 개성은 반드시 있어야 할 요소다. 즉, 합리적인 인간에게 동물적 자아를 버리라고는 결코 말할 수 없다.

동물적 자아가 스스로 어떠한 요구를 제기하는 일은 없다. 어떤 요구를 하는 것은 그릇된 방향으로 향하고 있는 이성이다. 즉, 이성은 생활을 올바른 방향으로 이끌거나 빛내는 것이 아니라, 동물적인 욕망을 충족시키는 데 온갖 힘을 기울이고 있는 것이다.

동물적 자아의 올바르고 자연스러운 욕구는 언제나 충족된다. 사람은 '무엇을 먹을까?', '무엇을 입을까?'에 대해 걱정할 필요가 전혀 없다. 인간이 합리적인 생활을 누린다면 이러한 욕구는 자연스럽게 이루어지는 법이다. 새가 하늘을 날고 꽃이 들에 피는 것처럼 말이다. 적어도 이성을 지닌 인간이라면, 동물적 자아의 욕구를 충족하는 것이 생존의 비참함을 제거하는 길이라고 믿겠는가?

인간의 생존이 비참한 것은 인간이 육체적 존재인 데서 비롯되는 것이 아니라, 인간이 자신이라는 개체의 생존을 인생 자체이자 행복 자체라고 생각하는 데서 비롯된다. 인간에게서 일어나는 모순과 분열 및 고통도 인생과 행복을 그처럼 생각하기 때문에 생긴다. 즉, 인간의 고통은 인간이 동물적 자아의 욕구를 무제한으로 확대시키는 데 자기 이성의 힘을 집중시켜 이성의 욕구를 돌보지 않게 되었을 때 일어나는 것이다.

동물적 자아를 버릴 수는 없다. 또 버릴 필요도 없다. 이는 인간의 생활 조건을 버릴 수 없고, 또 버릴 필요가 없는 것과 마찬가지다. 단, 우리는 이러한 생활의 조건을 이용할 수 있고 또 이용해야 하지만, 이것을 인생의 목적이라고 생각할 수는 없으며 또 생각해서도 안 된다. 인간이 버려야 하는 것은 동물적 자아가 아니라 동물적 개인의 행복이다. 그리고 인간은 동물적 생존을 인생 자체라고 생각해서는 안 된다. 그래야만 비로소 인간은 이성과 개체와의 올바른 관계를 확립할 수 있으며, 또한 생활의 목적인 참된 행복을 얻을 수 있다.

동물적 생존을 인생 자체라고 생각하는 것은 곧 생활을 부정하는 것이다. 또한 동물적 개인의 행복을 버리는 것은 생명을 획득하기 위한 유일한 길이다. 이는 옛날부터 인류의 위대한 스승들에 의해 되풀이되어온 설교 내용이다.

이러한 가르침에 대해 현대인은 대부분 이렇게 말한다. "그런데 그것이 어떻다는 말인가? 그것이 불교의 가르침인가? 열반涅槃이란 높은 경지에 도달하는 것이 아닌가?" 그러면서도 그들은 누구나 알지 않으려 해도 알아지는 것, 다시 말해 동물적 생활은 비참하고 무의미하다는 진리를 잘도 뒤집어엎었다고 생각한다.

또한 그들은 "그것이 바로 불교다. 열반이다."라고 말한다. 그리고 이와 같이 말함으로써 그들은 대다수의 사람들이 인정하고 있으며 누구나 영혼 깊이 잘 알고 있는 것, 다시 말해 동물적 생활은 파멸을 가져오고 무의미하며, 이러한 생활에서 벗어나려면 개인의 행복을 버려야 한다는 진리를 깡그리 뒤집어엎었다고 생각한다.

대부분의 사람들은 동물적 자아의 행복을 버려야 인생의 참된 생활을 얻을 수 있다고 생각해왔으며, 아마 지금도 그렇게 생각하고 있을 것이다. 가장 위대한 성현聖賢들도 인생을 그렇게 생각해왔다. 인생에 대해 이것 외에 달리 생각할 도리도 없는 것이다. 그런데도 지금 대부분의 사람들은 인생에 대한 이러한 생각을 여전히 잘못된 것이라고 주장하고 있다. 그들은 인생의 모든 문제를 완전무결한 형태로 해결할 수는 없지만, 전화·오페라·세균학·전등·폭탄 등에 의해 오늘날 해결되어가고 있다고 굳게 믿고 있다. 그들은, 동물적인 개인의 행복을 버린다는 것은 무지한 고대의 유물론으로밖에 생각하지 않는다.

사실, 이 어리석기 짝이 없는 현대인들은 개인의 행복을 버리고 열반에 들기 위해 몇 년 동안이나 줄곧 한쪽 발로만 서 있는 순박한 인도인들이 그들, 즉 철도로 세계를 떠돌아다니면서 짐승이나 다를 바 없는 자신의 모습을 전 세계의 전등 빛으로 드러내 보이는 그들과 비교도 안 될 만큼 진실된 인간임을 상상조차 하지 못한다. 인도인들은 동물적 생활과 이성적 생활에 모순이 있다는 사실을 깨닫고 그 모순을 해결하려고 노력한다. 그런데 문명사회의 현대인들은 이 모순을 느끼지도 못할 뿐 아니라, 모순이 있다는 사실조차 믿으려고 하지 않는다.

"인생이란 자아의 생존이 아니다."라는 정의, 즉 몇천 년에 걸친 인류의 정신노동에 의해 얻어진 이 정의는 인간이라면 누구나 마음속 깊이 알고 있다. 이는 지구의 자전이나 인력의 법칙과 마찬가지로, 아니 그 이상으로 의심할 여지가 없는 진리다. 학자든 무식한 사람이든 늙은이든 어린이든 간에 사물을 올바르게 생각하는 인간이라면 누구나 이 진리를 알고 있다.

이 진리를 거들떠보지도 않는 사람들은 아프리카나 오스트레일리아의 미개인과 유럽의 여러 도시에 살고 있는 부유층들뿐이다. 그만큼 이 진리는 인류의 재산이 되어 있다. 인류가 기계학, 대수학, 천문학 같은 제2의적 第二義的인 지식 측면에서 퇴보하는 일이 있을 수 없다면, 인생의 정의라는 제1의적인 지식 측면에서의 퇴보란 있을 수 없다. 인류가 몇천 년 동안의 생활에서 얻은 것, 즉 동물적 개인 생활은 공허하고 무의미하며 비참하다는 확신을 잊어버리거나 인류의 의식에서 지워버릴 수는 없는 것이다.

오늘날 유럽에서 자랑하고 있는 소위 과학이라는 것은 생명을 개체의 생존으로 간주하고 있던 케케묵은 야만적인 사고방식을 어떻게든 되살리려고 혈안이 되어 있다. 하지만 이와 같은 시도는 인류의 합리적 의식의 성장을 더욱 분명히 입증할 뿐 아니라, 인류가 어떻게 발전하고 성장했는지를 분명히 보여주고 있을 뿐이다. 현재 놀라울 정도의 비율로 증가하는 자살 행위(철학에서는 자기 포기라고 말한다)는 인류가 이미 졸업한 단계의 의식으로 우리가 새삼스럽게 되돌아갈 수 없다는 사실을 단적으로 보여준다. 즉, 인류는 이미 인생을 개체의 생존으로 간주하는 사고방식을 벗어던진 만큼 새삼스럽게 그러한 인생관으로 되돌아갈 수 없으며, 인간 개체의 생존이 무의미하다는 사실을 잊어버릴 수도 없는 것이다.

우리가 무엇을 말하고, 무엇을 쓰며, 무엇을 발견하든, 또는 우리의 동물적 생활을 어떻게 개선하든지 간에 개인적 행복을 얻는다는 것이 불가능하다는 사실은 모든 이성적인 인간에게 있어서 흔들림 없는 진리다.

"그래도 지구는 돌고 있다"는 말은 지동설을 뒤집어엎고 새로운 천동설을 생각해내자는 뜻이 아니다. 이제는 더 이상 천동설에 대해서 생각할 필요가 없다. 이미 모든 사람들이 다 알고 있는 지동설을 더욱 발전시켜 한 걸음 나아간 결론을 끄집어내는 일이 소중한 것이다.

인생이란 지위의 생존이 아니다

바라문교도, 불타, 노자, 솔로몬, 스토아학파의 철학자들, 그 밖에 인류의 참된 사상가들이 내세운, '개인적 행복을 얻는 일은 불가능하다'는 명제에 대해서도 같은 말을 할 수 있다. 인간은 이 명제를 어떻게 해서든지 회피하거나 무시해서는 안 된다. 이 명제를 분명히 인정하고, 그를 토대로 한 걸음 더 나아간 결론을 끄집어내야 한다.

유일한 행복, 사랑이라는 감정

LEV NIKOLAYEVICH TOLSTOI

사랑은 죽음에 대한 공포를 없앨 뿐 아니라 인간으로 하여금
다른 사람의 행복을 위해 자신의 육체적 존재를 희생하도록 인도한다.

개인의 목적을 위해서 살려고 한다면 합리적 존재로서는 안 된다. 왜
냐하면 모든 길이 가로막혀 있기 때문이다. 합리적 의식은 별다른 목
적을 제시한다. 이 목적은 누구나 도달할 수 있을 뿐 아니라 인간의
합리적 의식을 완전히 만족시키는 것이다. 하지만 세속적인 그릇된
가르침을 받은 사람들은 이 목적이 자신의 개성과 서로 어긋나는 것
처럼 생각하고 있다.

오늘날 이 세계에서 태어나 성장한 인간은 터무니없이 과장된 동
물적 욕망을 지니고 있다. 이러한 인간은 합리적 자아 속에서 아무리
자신을 인정하려고 애써도 동물적 자아 속에서 느끼는 것 같은 삶에

대한 동경을 느끼지 못한다. 합리적 자아는 생활을 관조觀照하고 있는 듯하지만, 스스로 생활할 수 없을 뿐 아니라 삶에 대한 동경도 갖고 있지 않다. 합리적 자아는 삶에 대한 욕구를 느끼진 않지만, 동물적 자아는 늘 괴로움을 느낀다. 이러한 인간에게 남아 있는 것은 오직 삶으로부터의 회피뿐이다.

현대의 부정적 철학(쇼펜하우어, 하르트만)은 극히 불성실하고 비양심적으로 문제를 해결하고 있다. 즉, 그들은 인생을 부정하면서도 인생으로부터 도망치려고 하지 않은 채 그대로 인생 속에 눌러앉아 있는 것이다. 이에 비해 자살자들은 인생에는 악 이외에는 아무것도 없다는 견지에서 스스로 목숨을 끊음으로써 이 문제를 해결하고 있다. 즉, 그들은 인간 생활의 불합리에서 벗어날 수 있는 유일한 방법은 자살이라고 생각하는 것이다.

그렇다면 염세주의자나 자살자들의 생각을 살펴보자.

"동물적 자아라는 것이 있다. 이는 살려는 욕구를 갖고 있다. 이런 욕구를 갖고 있기 때문에 동물적 자아는 만족을 모른다. 또 다른 자아가 있다. 이성적 자아가 그것이다. 이성적 자아는 살려는 욕구를 전혀 갖고 있지 않으며, 외관상의 삶의 환희나 동물적 자아의 정열을 비판적으로 방관하고, 삶을 부정한다. 우선 우리가 동물적 자아를 따른다면 우리는 무의미한 삶을 살면서 더욱 깊은 불행 속으로 빠져들 것이다. 만일 우리가 이성적 자아를 따른다면 우리는 살려는 욕구를 잃게 될 것이다. 또한 우리는, 우리의 유일한 생존 목적인 개체의 행복만을 위해 살아가는 것은 무의미하며 불가능하다는 사실을 깨닫게 될 것이다. 물론 인간이 살아가는 목적을 정의적 의식에 둘 수도 있지만, 이것 역시 무의미한 일이며, 우리의 마음에 들지도 않는다. 그렇다면 우리는 인간을 낳은 근원, 즉 신에게 봉사해야 하는 것인가? 왜 그래야 하는가? 신에게 봉사할 사람은 나 말고도 얼마든지 많지 않은가? 그렇다면 이제 와서 새삼스럽게 내가 무엇 때문에 봉사해야 하는가? 인생이라는 게임은 싫증이 날 때까지 구경만 하고 있으면 되는 것이다. 그리고 권태를 느끼면 그만 하직하면 된다. 자살이라는 방법이 있지 않은가! 그렇게 하도록 하자."

이와 같은 생각이야말로 솔로몬이나 불타 이전부터 인간이 갖고 있던 모순에 가득 찬 인생관이며, 현대의 사이비 지도자들은 인류에게 이 인생관을 강요하고 있다. 인간의 동물적 욕망은 불합리함의 극한에 도달해 있는 것이다.

각성된 이성은 동물적 욕망을 부정한다. 그러나 동물적 욕망이 터무니없이 팽창되어 인간의 의식을 완전히 가려버렸기 때문에 인간은 이성이 인생 전체를 부정하고 있다고 생각한다. 말하자면 인간은 이성이 부정하는 것을 자기 생명에서 제외해버리면 나중에는 아무것도 남지 않을 것이라고 생각하고 있다. 그래서 인간은 벌써부터 거기에 남아 있는 것에 전혀 관심을 갖지 않는다. 남아 있는 것이 전혀 없는 것처럼 생각되기 때문이다. 그러나 사실은 남아 있는 것 속에 참된 생명이 존재한다. 빛이 어둠 속에 비치고 있으며, 그 어두움은 빛을 이길 수 없다.

이대로 무의미한 생존을 계속할 것인가, 그렇지 않으면 차라리 스스로 목숨을 끊을 것인가? 이 딜레마에 대한 진리의 가르침은 이 문제를 잘 알고 있으며, 또한 해결해주고 있다. 흔히 행복에 대한 가르침이라고도 말하는 진리의 가르침은 사람들을 다음과 같이 타일러왔다. "동물적 자아를 위해 매달리는 그릇된 행복, 즉 언제 어디서든 손에 넣을 수 있다고 생각되는 행복이 아니라 언제나 손에 넣을 수 있으면서도 절대로 빼앗기지 않는 참된 행복을 지금 여기에서 손에 넣을 수 있다."

이 행복은 이론에서 짜낸 것도, 어디에서 찾아내야 할 것도, 또한 언제 어디서 손에 넣게 되리라고 약속된 것도 아니다. 이는 누구나 잘 알고 있는 행복이며, 타락하지 않은 인간의 영혼은 모두가 이 행복을 직접 구하고 있다.

인간은 누구나 어렸을 때부터 동물적 자아의 행복 이외에 또 하나의 높은 이성적 행복이 있다는 사실을 잘 알고 있다. 이성적 행복은 동물적 자아의 욕망을 만족시키는 데서 얻을 수 있는 성질의 것이 아니다. 오히려 동물적 자아의 행복을 버리면 버릴수록 증대해가는 행복이다.

또한 인간은 누구나 인생의 모든 모순을 해결하고, 인간에게 최대의 행복을 가져다주는 감정에 대해서도 잘 알고 있다. 그 감정은 바로 사랑이다. 인생이란 이성의 법칙에 따르는 동물적 자아의 활동이며, 이성이란 인간의 동물적 자아가 행복을 위해 따라야 하는 법칙이다. 그리고 사랑이란 인간의 유일한 합리적 활동이다. 동물적 자아는 행복에 이끌려가기 쉽다. 이성은 사람에게 개인적 행복이 그릇된 것임을 가르쳐주면서 참된 하나의 길을 보여준다. 이 길에서의 활동이 바로 사랑이다.

합리적 의식은 사람에게 서로 투쟁하는 생물들의 비참한 모습에 대해 가르쳐주고 있다. 또한 사람이 손에 넣을 수 있는 유일한 행복에 대해 "행복은 다른 사람과의 투쟁에서 승리함으로써 손에 넣을 수 있는 것이 아니다. 행복은 중단되는 일이 없으며, 권태를 느끼는 일도 없다. 행복 안에서는 죽음의 그림자도, 두려움도 찾아볼 수가 없다."고 말하고 있다.

인간은 이성이 가르치는 행복, 즉 인간이 손에 넣을 수 있는 유일한 행복을 가져다주는 사랑이라는 감정을 마치 자물쇠에 꼭 맞는 열쇠를 발견하는 것처럼 자신의 영혼 속에서 발견하게 된다. 그리고 이 사랑이란 감정은 인생의 모순이 존재함으로써 나타날 뿐 아니라, 이러한 인생의 모순을 해결하는 듯이 보인다.

동물적 자아는 자신의 목적을 위해 인간의 개성을 이용하려고 한다. 하지만 사랑은 다른 존재의 이익을 위해서 자신을 희생하도록 만든다. 또한 동물적 자아는 늘 괴로워한다. 사랑은 이 괴로움을 제거하는 일이 주요 목적이다.

동물적 자아는 행복을 추구하면서 호흡을 한 번 할 때마다 개인의 모든 행복을 파괴해버리는 죽음을 향해 걸어간다. 반면 사랑은 죽음에 대한 공포를 없앨 뿐 아니라 인간으로 하여금 다른 사람의 행복을 위해 자신의 육체적 존재를 희생하도록 인도한다.

사랑과 희생

LEV NIKOLAYEVICH TOLSTOI

어느 사랑을 위해 다른 사랑을 희생해야 하는가?
누구를 더 사랑하고 누구를 더 아껴야 하는가?
아내인가, 자식인가, 조국인가, 친구인가?

사람은 사랑이라는 감정 속에 어떤 특수한 것이 있어서 인생의 모든 모순을 해결해주고 사람에게 참된 행복을 가져다준다는 사실을 잘 알고 있다. 하지만 인생을 이해하지 못하는 사람들은 "이 감정은 좀처럼 나타나지 않으며, 나타난다고 해도 곧 사라져버린다. 그 결과 한층 더 심한 고통이 따르게 될지도 모르는 일 아닌가?"라고 말한다.

이러한 사람들은 사랑을 인생의 유일한 표시라고 보지 않으며, 단지 인생에서 우연히 일어나는 무수한 일 가운데 하나라고 생각한다. 말하자면 사랑이란 사람이 살면서 경험하게 되는 무수한 감정 가운데 하나라는 것이다. 예를 들어 사랑도 옷을 잘 입거나, 학문이나 예술에 열중하거나, 직무에 전념하거나, 어떤 명예욕과 이권욕의 노예가 되거나, 누구누구를 좋아한다거나 하는 여러 감정 가운데 하나에 지나지 않는다고 생각한다. 따라서 그들은 사랑이라는 감정을 인간이 지닌 생명의 본질이 아니라 우연의 산물, 즉 인간이 살아가면서 체험하는 다른 여러 경우와 마찬가지로 자신의 의지와는 관계없는 하나의 감정이라고 말한다. 그래서 우리는 가끔 사랑이란 생명의 올바른 흐름을 가로막는 매우 괴로운 감정이라는 견해를 접하기도 한다. 이는 마치 해가 떠오를 때 올빼미가 느낄 법한 기분과 흡사하다.

그러나 사실 이와 같이 생각하는 사람들도 사랑에는 다른 어떤 감정에서도 찾아볼 수 없는 특별하고 아주 중요한 무엇이 깃들여 있음을 느낀다. 하지만 이들은 인생의 의미를 이해하지 못하고 있기 때문에 사랑에 대해서도 이해할 수 없다. 즉 이들은 사랑이라는 감정을 다른 모든 상태와 마찬가지로 불행하고 속기 쉬운 것으로 생각한다.

사랑한다고? …… 그런데, 누구를?
일시적인 감정이라면 싫어.
그렇다고 영원한 사랑은 더욱 불가능해.

이 시는, 사랑이 인생의 불행을 구제할 뿐 아니라 참되고 행복하고 유일한 그 무엇을 지니고 있다는 막연한 의식을 표현하고 있으며, 동시에 사랑은 구제될 수 없다는 인생의 의미를 이해하지 못하는 사람들의 고백을 담고 있다. 다시 말해 사랑할 만한 사람이 없으며, 또 어떤 사랑도 쉽게 사라져버린다는 뜻이다. 그러므로 사랑이 행복을 가져오는 것은 사랑할 만한 사람이 영원히 존재할 때뿐이다. 그런데 사람이 영원히 존재할 수는 없으므로 사랑에 의한 구제란 있을 수 없는 만큼, 사랑은 다른 모든 감정과 마찬가지로 속임수요, 고통이라는 것이다.

인생이란 동물적 생존에 지나지 않는다고 가르치는 사람이나, 이러한 가르침을 받고 있는 사람은 사랑에 대해서 이처럼 이해하고 있다. 아니, 이외에는 달리 해석할 방법이 없다. 이들이 생각하는 사랑은, 우리가 사랑이라는 말에 본능적으로 결부시키는 개념에 적용되지 않는다. 그들에게 사랑이란, 사랑하는 사람과 사랑받는 사람에게 행복을 가져다주는 귀중한 활동이 아니다. 동물적 생존을 인생 자체라고 간주하는 사람들은 대체로 사랑을 어머니들이 자기 자식의 행복만을 위해 굶주리고 있는 남의 자식을 제쳐두고 그 아기 어머니의 젖을 빼앗아서까지 자기 자식을 키우려는 어머니의 심정, 또는 자기 자식을 편안히 살게 하기 위해 굶주리고 있는 사람들의 마지막 빵 한 조각까지도 빼앗는 아버지의 심정과 같다고 생각한다. 또는 어떤 여자를 사랑함으로써 자기 자신도 괴롭고 그 여자도 괴롭히며, 질투로 말미암아 자신도 여자도 다 같이 파멸로 몰아가고, 사랑하는 여자를 강제로 범하려는 남자의 감정과 같다고 생각한다. 또는 자기 당파의 이익을 위해 다른 당파를 넘어뜨리려는 당파심, 자신이 즐기는 일에 열중한 나머지 자기 자신은 물론 주위 사람들까지도 괴롭히면서 비참하게 만드는 감정, 그리고 사랑하는 조국이 당한 모욕을 참지 못해 싸움터를 적과 아군의 전사자와 부상자로 뒤덮게 하는 감정과 같다고 생각한다. 이것뿐만이 아니다.

동물적 자아의 행복을 추구하는 것이 인생이라고 생각하는 사람들은 사랑에 의해 움직이는 법이 없다. 그들에게는 사랑이 움트는 그 자체가 고통스러울 뿐 아니라 때로는 그것이 불가능하기도 하다. 그들은 흔히 "사랑은 논의할 성질의 것이 아니다. 하지만 구태여 논의한다면 인간의 가슴 속에서 솟아오르는 '마음에 든다'는 본능적인 감정에 따르는 것이 사랑이다. 이것이 참된 사랑이다."라고 말한다.

물론 사랑은 논의할 성질의 것이 아니다. 사랑에 대한 모든 논의는 사랑을 파괴하는 행위라는 그들의 의견은 옳다. 하지만 중요한 것은 사랑을 생각하지 않고 버틸 수 있는 사람은 인생의 의미를 이해하지만, 자신의 이성을 집중시켜 동물적 자아의 행복을 위해 살아가는 사람들은 사랑을 생각하지 않을 수 없다. 그들이 사랑이라고 일컫는 감정을 표현하기 위해서는 사랑을 생각하는 것이 당연하다. 사랑을 생각하지 않고서는 이런 감정이 나타날 수 없지 않은가!

사실 사람들은 남의 자식이나 남의 아내나 남의 나라보다 자기 자식과 자기 아내와 자기 친구와 자기 나라를 더욱 소중히 여긴다. 그리고 이것들에 대한 감정을 사랑이라고 일컫는다. 사랑한다는 것은 곧 좋은 일을 하겠다는 심정의 발로다. 우리는 누구나 사랑을 이와

사랑과 희생
·

같이 이해하고 있으며, 이것 이외에는 달리 이해할 길도 없다. 이를 테면 나는 내 자식과 내 아내와 내 나라를 사랑한다. 즉, 내 자식과 내 아내와 내 나라가 남의 자식과 남의 아내와 남의 나라보다 행복해지기를 바란다. 그러나 내가 내 자식만을 사랑하고 남의 자식을 사랑하지 않거나, 내 아내만을 사랑하고 남의 아내를 사랑하지 않거나, 내 나라만을 사랑하고 남의 나라를 사랑하지 않을 경우란 결코 있을 수 없다. 사람은 누구나 자기 자식과 자기 아내와 자기 나라를 사랑하는 동시에 남의 자식과 남의 아내와 남의 나라도 사랑하고 있다. 단, 자신이 사랑하는 여러 대상에 대한 행복의 조건은 서로 엇갈려 있으며, 자신이 사랑하는 대상 가운데 하나에게 향하는 사랑의 행위는 다른 대상에 대한 자신의 활동을 방해할 뿐 아니라 때로는 그들에게 해를 끼치기도 한다.

바로 여기에서 어떠한 사랑의 이름으로 어떻게 행동해야 할 것인지라는 문제가 생기는 것이다. 즉, 어느 사랑을 위해 다른 사랑을 희생해야 하는가? 누구를 더 사랑하고 누구를 더 아껴야 하는가? 아내인가, 자식인가, 조국인가, 친구인가? 아내나 자식이나 친구에 대한 사랑을 다치지 않고 조국을 사랑하려면 어떻게 해야 하는가? 남을 위해 힘쓰려면 나의 개인적인 행복을 어느 정도까지 희생시켜야 하는가? 이 같은 문제를 어떻게 해결해야 하는가? 남을 사랑하고 남에게 도움을 주려면 자기 자신에 대해서는 어느 정도까지 관심을 가져야 하는가? 사랑이라고 부르는 감정을 분석해보려고 한 적이 없는 사람들에게는 이러한 문제가 매우 간단하게 생각된다. 그러나 이 문제는 실제로 그렇게 간단하지 않을 뿐 아니라 해결하기도 매우 어렵다. 그런 점에서 어떤 율법학자가 그리스도에게 "내 이웃이 누구입니까?"라는 질문을 던지며 격분한 것은 어찌 보면 당연하다. 인생의 참된 조건을 잊어버린 사람은 이 질문에 대답하기가 매우 쉬울 것이다.

사람은 우리가 생각하는 어떤 존재가 되었을 경우에만 특정 대상을 사랑할 수 있다. 즉, 어떤 사람을 다른 사람들보다 좋게 생각하는 감정이 참된 사랑일 수 있을 것이다. 그러나 사람은 신이 아니다. 모든 생존자는 비유적인 의미에서 늘 서로를 침해하고 상대를 희생시키며 살아간다. 사람도 예외는 아니며, 저마다 이러한 생활 조건 아래에서 살고 있다. 합리적 존재로서의 인간은 당연히 이러한 사실을 제대로 보고 또 알아야 한다. 모든 인간이 부족함 없이 살 수 있는 황금시대가 온다는 미신을 종교나 과학이 아무리 떠들어댄다고 해도, 이성적 인간은 인간끼리는 끊임없이 투쟁하게 마련이며 이것이 시간과 공간에 매인 인간의 생존 법칙임을 눈으로 보고 또 알게 마련이다.

동물적 이익을 위해 서로 투쟁하는 세계 속에서 인간은 특정 대상을 사랑할 수가 없다. 이것이 가능하다고 생각하는 사람은 아직 인생의 의미를 이해하지 못하고 있는 것이다. 설령 특정 대상을 사랑한다고 해도 특정한 사람만을 사랑할 수는 없다. 모든 사람이 인정하는 것처럼, 사랑이란 단순히 말뿐이 아니라 실제로 남을 행복하게 하려는 행위다. 이 행위는 어떤 일정 순서에 따라 실행되는 것이 아니다.

즉, 강한 사랑의 요구가 나타난 뒤 그다음에 덜 강한 사랑의 요구가 나타나는 것이 아니다. 사랑의 요구는 어떤 순서도 단계도 없이 동시에 평등하게 나타난다. 예를 들어, 굶주린 노인이 찾아왔다고 해보자. 나는 그에게 사랑을 아주 조금만 느낀다. 그런데 내가 사랑하는 자식의 저녁식사로 마련해둔 음식을 그 노인이 달라고 한다. 이런 상황에서 나는 눈앞의 작은 사랑의 요구와 미래의 더 큰 사랑의 요구를 저울질할 수 있을 것인가?

율법학자가 그리스도에게 "내 이웃이 누구입니까?"라고 물은 것도 이 때문이다. 누구를 어느 정도로 사랑해야 한다는 결정을 어떻게 내리면 좋을까? 사람들을 사랑해야 하는가, 아니면 조국을 사랑해야 하는가? 조국을 사랑해야 하는가, 아니면 친구를 사랑해야 하는가? 친구를 사랑해야 하는가, 아니면 아내를 사랑해야 하는가? 아내를 사랑해야 하는가, 아니면 아버지를 사랑해야 하는가? 아버지를 사랑해야 하는가, 아니면 자식을 사랑해야 하는가? 자식을 사랑해야 하는가, 아니면 나 자신을 사랑해야 하는가?

이것들은 모두 사랑의 요구이며, 하나의 요구를 만족시키면 다른 요구를 만족시킬 수 없을 정도로 이것들은 서로 엇갈려 있다. 예를 들어, 얼어 죽어가는 남의 아이를 보고 그냥 내버려둘 수 있다면 나는 같은 이유로 장차 태어날 아이들을 위한다는 핑계로 다른 사랑의 요구에 응하지 않고 버틸 수도 있는 것이다.

이는 조국이나 직업, 또는 모든 사람에 대한 사랑의 경우에서도 마찬가지다. 예를 들어, 어떤 사람이 미래의 더 큰 사랑을 위해 현재의 조그마한 사랑을 거절할 수 있다고 해도, 미래의 사랑이 요구하는 바를 어느 정도까지 거부할 수 있는지에 대해서는 어떠한 결론도 내릴 수 없다. 그래서 사람은 이 문제를 해결하지 못한 채 늘 자신을 즐겁게 해주는 사랑의 요구만을 앞세우게 되는 것이다. 다시 말해 그는 사랑을 위해서가 아니라 동물적 자아를 위해 행동하게 된다. 만일 그가 미래의 더 큰 사랑의 요구를 위해서 극히 작은 현재의 사랑을 억제해야 한다고 판단한다면, 그는 자신 또는 남을 기만하고 있는 것이며 자신 이외에는 그 어떤 것도 사랑하지 않는 것이다.

미래의 사랑이란 있을 수 없다. 사랑이란 오직 현재의 행위다. 현재의 사랑을 나타낼 줄 모르는 사람은 결국 사랑이라는 감정을 갖고 있지 않은 것이다.

인간이 이성을 갖고 있지 않다면, 인간은 다만 동물로서 생존할 뿐이며, 생활에 대해서는 전혀 생각하지 않을 것이다. 그리고 이러한 인간의 동물적 생존은 정당하고 행복할 것이다. 이와 같은 논리를 사랑에도 적용할 수 있다. 다시 말해 사람이 이성을 갖지 않은 동물이라면, 그들은 자신의 비위에 맞는 것, 즉 자신의 새끼 늑대만을 사랑하게 된다. 그리고 자신뿐 아니라 다른 늑대들도 자신의 새끼 늑대를 사랑하고 있다는 사실을 전혀 모른다. 그는 동물적 의식의 단계에서 사랑하고 생활하는 것이다.

하지만 인간은 이성적 존재다. 그런 만큼 인간은 주변사람과 전혀 모르는 타인에게 사랑의 감정을 가지고 있으며, 이 사랑의 감정은 서로 충돌해 사랑의 개념과는 동떨어진 감정을 불러일으킨다는 사실을 인정하지 않을 수 없다.

사람들이 사랑이라고 일컫는 동물적인 해로운 감정을 터무니없이 확대해 이를 정당화하고 강화하는 데 이성을 동원한다면, 이러한 감정은 선량하지 않을 뿐 아니라 사람들을 가장 흉악하고 사나운 동물로 만들어버릴 것이다. 이는 예부터 알려진 진리로, 복음서에 나오는 말처럼 "네게 있는 빛이 어두우면 그 어둠이 얼마나 하겠느냐!" 같은 현상이 나타날 것이다. 만일 인간 속에 자기 자신이나 자식에 대한 사랑 이외에는 아무것도 없다면, 현재 행해지고 있는 모든 죄악의 99%가 그 모습을 감출 것이다. 지금 사람들이 행하는 죄악의 99%는 그들이 찬미하는 동물적 생활이 인간의 생활을 닮은 것과 마찬가지로 사랑을 닮은 허위의 감정에서 비롯된 것이다.

인생의 의미를 이해하지 못하는 사람들이 말하는 사랑은 자신의 동물적 행복의 한 조건을 다른 조건보다 중요시한다는 것을 의미한다. 그 사람이 자신은 자식과 아내와 친구를 사랑한다고 했다면, 이는 단지 자식과 아내와 친구의 존재가 그의 동물적 생활의 행복을 증대시키고 있다는 의미를 나타낼 뿐이다.

이러한 기호嗜好의 감정은 결코 참된 사랑이 아니다. 이는 동물적 생존이 인간의 참된 생활이 아닌 것과 마찬가지다. 인생의 의미를 이해하지 못하는 사람은 동물적 생존을 인생이라고 부른다. 이처럼 그들은 동물적 생존의 한 조건을 다른 조건보다 중요시하는 감정을 사랑이라고 정의하고 있다. 예를 들어, 자식이나 특정 직업, 또는 과학이나 예술 같은 특정 부문을 중요시하거나 좋아하는 감정을 사람들은 사랑이라고 부르는 것이다. 그러나 무한히 변모하는 이러한 감정은 눈으로 볼 수 있고 만질 수 있는 동물적 인간의 생활을 다채롭게 만들긴 하지만, 사랑이라고 부를 성질의 것은 못 된다. 왜냐하면 이 감정은 사랑의 주요한 특징을 갖고 있지 않기 때문이다. 즉, 이 감정은 남의 행복을 목적으로 삼고 있지 않으며, 따라서 남에게 행복을 가져다주지 못하고 있다.

어떤 사람을 다른 사람보다 더 좋아하는 감정, 즉 많은 사람들이 사랑이라고 잘못 생각하고 있는 감정은 참된 사랑을 접목해야 비로소 열매를 맺을 수 있는 야생목에 지나지 않는다. 야생목은 사과나무와 달라서 열매를 맺지 않거나, 열매를 맺더라도 쓴 열매를 맺는다. 이와 마찬가지로 어떤 특정 인간을 편애하는 것은 결코 사랑이 아니다. 이런 감정은 다른 사람들에게 행복을 가져다주지 못할 뿐 아니라 커다란 해毒를 초래할 수도 있다. 따라서 과학, 예술, 조국 등에 대한 편애나 아내, 자식, 친구에 대한 편애는 세상에 큰 해를 끼치는 요소가 되기도 한다. 이러한 사랑은 동물적 생활의 어떤 특정 조건을 다른 조건보다 좋다고 보는 일시적인 감정에 지나지 않는다.

호감, 사랑의 시작

LEV NIKOLAYEVICH TOLSTOI

사랑이란 자신, 즉 동물적 자아보다 남을 좋게 보는 데서 비롯된다.
호감이 있어야만 상대에 대한 참된 사랑이 생겨날 수 있다.

참된 사랑은 동물적 자아의 행복을 부정해야 비로소 가능해진다. 즉,
참된 사랑은 우리 모두가 동물적 자아의 행복 따위는 없다고 이해할
때 비로소 생기는 것이다. 이때야말로 동물적 자아라는 야생의 나무
에 참된 사랑이 접붙어서 참된 생명의 진액이 흐르게 되는 것이다.
그리스도의 가르침이 바로 이러한 사랑의 접목接木이다. "자기 목숨
을 얻으려는 자는 잃을 것이요, 나를 위해 목숨을 잃는 자는 얻게 되
리라."라는 말을 단순하게 이해하는 데 그치지 말고, 자신의 생명을
아끼는 사람은 그것을 잃고, 이 세상에 존재하는 자기 생명을 미워하
는 사람은 영원한 생명을 얻게 되리라는 사실을 이해한 사람만이 참

된 사랑이 무엇인지를 이해할 수 있다는 사실을 깨달아야 한다.

"나보다 아버지나 어머니를 더 사랑하는 자는 나에게 합당치 않다. 나보다 아들이나 딸을 더 사랑하는 자도 나에게 합당치 않다. 그리고 자신을 사랑하는 자를 사랑한다고 해서 그것이 사랑이 될 수는 없다. 적을 사랑하라. 자신을 미워하는 자를 사랑하라."

사람들이 개성을 부정하는 것은 우리가 흔히 생각하는 바처럼, 아버지나 아들이나 아내나 친구나 그 밖에 자신이 좋아하는 사람들에 대한 사랑의 결과가 아니다. 그것은 단지 개인적 생존의 무의미함에 대한 의식이나 개인적 행복의 불가능성에 대한 의식의 결과에 불과하다. 그래서 개인적 생활을 부정함으로써 참된 사랑을 인식하고, 아버지나 아들이나 아내나 자식이나 친구를 참으로 사랑할 수 있게 되는 것이다.

사랑이란 자신, 즉 동물적 자아보다 남을 좋게 보는 데서 비롯된다. 동물적 자아와는 멀리 떨어져 있는 목적을 달성하기 위해 자아에 가까운 이익을 잊어버린다는 것은 자기희생까지는 이르지 않은 사랑의 경우에 곧잘 일어나지만, 동물적 자아의 행복을 위해서 어떤 존재를 다른 것 이상으로 좋게 여기고 이를 앞세우는 행위에 불과하다. 참된 사랑은 활동적인 감정으로 나타나기 전에는 일정한 상태로 우리 마음속에 깃들어 있다. 처음 사랑을 시작하는 경우, 그 근원은 흔히들 생각하는 바처럼 이성을 흐리게 하는 감정의 폭발이 아니라, 오히려 가장 합리적이고 투명해서, 온화한 기쁨에 넘친 어린애나 이성적 사람들에게만 있는 특유한 상태다.

이런 상태는 모든 사람들에 대한 호감의 상태다. 아이들은 태어나면서부터 이런 상태에 놓이지만, 어른들은 개인적 행복을 부정할 경우에만 이런 상태가 된다. 그리고 그 부정의 정도에 따라서 성장해나간다. "나는 아무래도 좋다. 나는 아무것도 필요하지 않다."라는 말을 자주 듣는다. 그리고 이런 말을 들을 때마다 남에 대한 악의에 찬 태도를 목격하게 된다. 그렇다면 상대가 누구든 간에 남에게 악의를 갖는 순간, "나는 아무래도 좋다. 나는 아무것도 필요하지 않다."고 진심으로 자신에게 말해보라. 그리고 그때만이라도 좋으니 자신의 욕망을 완전히 버려보라. 그럼 누구나 이 간단한 내면적인 실험으로 말미암아, 진심으로 자신의 개인적 행복을 버리게 되면 모든 나쁜 감정은 사라지고, 지금까지 잠자코 있던 모든 사람에 대한 선의가 마음속에서 솟아오른다는 사실을 인식하게 된다.

참사랑은 자신보다 남을 앞세우는 것이다. 우리는 누구나 사랑을 그런 것으로 알고 있다. 사랑은 남에 대한 나의 호의나 표정을 분자로, 자기 자신에 대한 애정을 분모로 한 분수로써 그 정도를 표현할 수 있다. 이 분자는 자기 뜻대로 되지 않지만, 분모는 자신의 동물적 자아에 대한 견해 여하에 따라, 즉 자신의 노력에 따라 얼마든지 증가되기도 하고 감소되기도 한다. 그런데 요즘 사람들은 사랑에 대해 생각할 때 분모는 제쳐놓고 주로 분자만을 문제시해 분수 값을 결정한다.

호감, 사랑의 시작
·

참된 사랑은 그 밑바닥에 개인적 행복의 부정과 이에 의해 생겨나는 모든 사람에 대한 호감을 지니고 있다. 이 호감이 있어야만 상대에 대한 참된 사랑이 생겨날 수 있다. 그리고 이러한 사랑만이 인생의 참된 행복을 가져오며, 동물적 자아와 합리적 의식 사이의 모순을 해결할 수 있다. 자신의 동물적인 개인행동을 버려야만 생겨나는 모든 사람에 대한 호감을 갖지 못한 사랑은 동물적 생활에 불과하며, 이러한 생활은 불행과 불합리함을 초래하고 만다.

사랑이라고 잘못 부르고 있는 특정 개인에 대한 애착심은 생존 경쟁을 제거하지 못하고, 쾌락의 추구에서 사랑을 해방하지 못하며, 죽음에서 사람을 구제하지 못한다. 뿐만 아니라 생존 경쟁을 격화시키고, 쾌락에 대한 욕망을 증대시키며, 죽음에 대한 두려움을 더욱 크게 만듦으로써 사람을 점점 어둡게 만든다.

동물적 자아의 생존을 인생이라고 생각하는 사람은 남을 사랑할 수 없다. 사랑을 자기 생활에 정면으로 대립하는 행동으로 여기기 때문이다. 이런 사람의 생활은 주로 동물적 자아의 행복을 추구하는 것으로 채워져 있다. 하지만 사랑은 무엇보다도 이 동물적 자아의 행복을 버리라고 요구한다.

인생의 의미를 이해하지 못하는 사람이 갑자기 남을 진심으로 사랑하고 싶어 해도, 그 자신이 인생의 의미를 이해하고 인생에 대한 견해를 바꾸지 않는 한 이는 불가능하다. 즉, 동물적 자아의 행복이 곧 인생이라고 생각해온 사람은 열심히 돈을 모아 자신의 동물적 행복의 수단을 증대시키는 일에만 전념해왔던 것이다. 그리고 이러한 행복을 위해 남을 봉사하게 만들었다. 이렇게 손에 넣은 행복의 나머지만을 동물적 자아의 행복이 필요한 다른 사람에게 나눠주었던 것이다. 즉, 이러한 사람의 생활은 근본적으로 자기 자신에 의해서가 아니라 남에 의해 유지되어 왔다. 이런 사람이 어찌 자기 생활을 남을 위해 바칠 수 있겠는가? 또한 이런 사람은 자신의 행복을 자신이 좋아하는 사람 가운데 누구에게 줄 것인지, 자신은 누구에게 봉사할 것인지에 대해 결정내리는 일을 어려워한다.

이런 사람이 남을 위한 생활을 하려면 우선 자신의 동물적 행복을 위해 남으로부터 빼앗은 것들을 버려야 한다. 그리고 불가능한 일, 즉 어떤 사람을 위해 자신의 생활을 버려야 할 것인지를 결정해야 한다. 이런 사람이 남을 사랑하려면 우선 자신의 동물적 행복을 버려야 하며, 또한 남을 행복하게 만들려면 우선 남을 미워하는 일을 중지해야 한다. 말하자면 남을 불행하게 하는 일을 그만두어야 한다. 그리고 자신의 동물적 행복을 위해 특정 사람을 남보다 좋아하는 일이 없어야 한다. 즉, 동물적 개인 생활에 행복이 있다는 생각을 버리고, 사이비 행복의 유혹에서 벗어나며, 모든 사람에 대한 호의를 늘 넘치도록 갖고 있는 사람만이 자신과 남을 늘 만족시킬 수 있는 참된 사랑을 할 수 있는 것이다. 이런 사람들은, 행복은 어느 방향으로 뻗어나가는 것이 좋을까, 햇살은 나에게 유리한 쪽으로 내리쬐는가, 좀 더 좋은 다른 것을 기다려야 하는 것은 아닌가 등의 질문을 던지지도 않거니와

던질 수도 없다. 이런 사람들은 단지 이 세상에 있는 유일한 빛을 받고, 그 빛을 향해 뻗어나가려고 할 뿐이다.

이와 마찬가지로 동물적 개인의 행복을 부정하는 사람은 남으로부터 빼앗은 것 중에서 무엇을 사랑하는 사람에게 주어야 하는지, 현재의 사람보다 더 좋은 사람은 없는지 등의 생각을 하지 않는다. 단지 현재 눈앞에 있는 사랑에 자신을 바칠 뿐이다. 이러한 사랑만이 인간의 합리적 천성에 만족을 줄 것이다.

사랑에는 두려움이 없다
LEV NIKOLAYEVICH TOLSTOI

말과 혀로만 사랑할 것이 아니라
행동과 진실로써 사랑해야 한다.
이것이 진리이며 마음을 편안히 하는 길임을 알아야 한다.
완전한 사랑은 두려움을 없앤다.

친구를 위해 자신의 생명을 희생하는 사랑보다 더 큰 사랑은 없다. 사랑에는 항상 희생이 따르게 마련인 것이다. 남을 위해 자신의 시간이나 힘뿐 아니라 사랑하는 사람을 위해서 자신의 육체를 희생하고 생명을 바칠 때 우리는 그것을 사랑이라고 인정할 수 있다. 그리고 이런 사랑을 통해서만 우리는 행복을 찾을 수 있고 사랑의 보람을 맛볼 수 있다. 또한 사람들 사이에 이런 사랑이 있다는 사실 한 가지만으로 이 세계는 성립되는 것이다. 어린아이를 자신의 소유로 키우는 어머니는 어린아이가 먹을 음식으로 자신의 육체를 바치고 있다. 이런 희생이 없다면 어린아이는 살아갈 수 없다. 이것이 곧 사랑인 것이다. 이처럼 자신의 육체를 남의 양식으로 바치며 사는 행위는 남의 행복을 위해 엄청난 육체노동으로 자신의 죽음을 앞당기며 살아가는 모든 노동자의 경우에서도 찾아볼 수 있다. 이런 사랑은 사랑하는 사람을 위해서 자신을 희생시킬 수 있는 사람만이 할 수 있는 일이다. 자식을 유모에게 맡기는 어머니는 그 아이를 사랑할 수 없다. 돈을 벌어서 저축만 하는 사람은 남을 사랑할 수 없는 것이다.

"빛 가운데 있다고 말하면서 형제를 미워하는 사람은 아직 어둠 속에 있는 것이다. 형제를 사랑하는 사람은 빛 가운데 있으며 넘어지지 않는다. 형제를 미워하는 사람은 어둠 속을 가면서 자신이 어디로 가는지 모르는 자다. 어둠이 그의 눈을 소경으로 만들었기 때문이다."

우리는 말과 혀로만 사랑할 것이 아니라 행동과 진실로써 사랑해야 한다. 그리고 이것이 진리이며 마음을 편안히 하는 길임을 알아야 한다. 사랑에는 두려움이 없다. 완전한 사랑은 두려움을 없앤다. 두려움에는 징계가 따르는데, 그 이유는 두려움을 가진 사람에게는 완전한 사랑이 이루어지지 않았기 때문이다. 완전한 사랑만이 사람들에게 참된 생명을 준다는 사실을 잊어서는 안 된다.

"마음을 다하고 목숨을 다하고 뜻을 다해 너희 주 하나님을 사랑하라. 그것이 가장 소중한 첫째 계명戒銘이다. 둘째 계명도 이와 마찬가지이니 네 이웃을 네 몸과 같이 사랑하라."

율법학자가 이 율법의 가르침을 그리스도에게 진술했을 때 그리스도는 "너의 대답은 옳다. 그렇게 행하라. 그러면 생명을 얻을 것이다."

사랑에는 두려움이 없다
·

라고 대답했다. 즉, 그리스도는 "신과 이웃을 사랑하라, 그렇게 하면 영원한 생명을 얻을 것이다."라고 말한 것이다.

참된 사랑은 생명 그 자체다. 그리스도의 제자 요한은 "우리는 형제를 사랑한다. 그러므로 사망에서 생명으로 옮아간 것을 알고 있다. 사랑하지 않는 자는 죽음 속에 머물러 있다."고 말했다. 사랑을 하는 사람만이 오직 진정한 생활을 누리고 있다는 뜻이다.

그리스도의 가르침에 의하면, 사랑은 생명 그 자체다. 그 생명은 불합리하고 고통을 수반하며 점차 멸망해가는 것이 아니라 행복에 가득 찬 영원한 생명이다. 이러한 진리를 모르는 사람은 없다. 사랑은 이성에서 비롯되는 것이 아니다. 또 일정한 활동의 결과도 아니다. 사랑은 환희에 넘치는 생명의 활동 그 자체다. 우리는 사랑의 활동에 완전히 감싸여 있다. 우리는 누구나 현재의 그릇된 가르침이 우리의 영혼 속에 있는 이 생명의 활동을 짓밟고 이 생명의 활동을 느낄 수 있는 힘을 저버릴 때까지는 이 생명의 활동이 자기 안에 있다는 사실을 어려서부터 알고 있다.

사랑은 선택된 사람들이나 사물에 대한 감정처럼 개인의 일시적인 행복을 증진시키기 위한 편애가 아니라 동물적 자아의 행복을 부정한 뒤에 남은 것으로, 타인의 행복에 대한 희구다. 살아 있는 사람들 가운데 행복이 충만한 이 감정을 느끼지 않아본 사람이 어디 있겠는가? 이는 생명을 짓밟아버리는 그릇된 가르침이 우리의 영혼을 더럽히지 않았던 어린 시절 이미 우리 속에 존재해 있었던 감정이다. 즉,

사랑은 이웃이나 아버지나 어머니나 형제나 악한 사람이나 개나 말이나 초목 등등 모든 것을 아끼고 싶은 감정이다. 또한 사랑은 모든 것이 행복하기를 바라는 감정, 모든 것을 행복하게 해주고 싶은 감정, 자신의 생명을 바쳐서라도 모든 것을 충만하게 해주고 싶은 감정이자 행복에 충만한 감정이다. 이 감정이야말로 오직 인간의 생명을 구성하는 참된 사랑이다. 그리고 인간의 생활은 이 사랑 안에 있는 것이다.

생명이 깃든 사랑은 진실한 사랑과 흡사한 잡초 속에서 뒤엉켜 자라나는 연약한 싹처럼 사람의 마음속에 자리 잡고 있다. 새가 둥지를 틀 만큼 큰 나무로 자랄 이 싹은 처음에는 다른 잡초의 싹과 똑같아 보인다. 그리고 사람들은 성장이 빠른 잡초의 싹만을 귀엽게 생각한다. 그 때문에 속에 생명을 간직하고 있는 이 유일한 싹은 잘 자라지 못한다. 그런데 더욱 불행한 일은, 사람들은 이 싹 가운데 생명을 지닌 진짜 싹, 즉 사랑의 싹이 오직 하나뿐이라는 말을 듣고는 그 생명의 싹을 짓밟아버리고, 그 대신 잡초의 한 싹을 길러서 사랑이라고 부른다는 점이다.

아니, 이보다 더 불행한 일이 있다. 즉, 사람들은 그 싹을 거친 손으로 잡고 "그래, 이거다. 이제야 찾았다. 우리는 이제야 이것을 알게 되었다. 이놈을 어디 길러보자. 사랑이다! 사랑이다! 이거야말로 최고의 감정이다."라고 외친다. 그러고는 이 싹을 옮겨 심거나, 바로잡거나 매만지는 바람에 싹은 꽃도 피우지 못하고 메말라 죽게 하는 것이다. 이런 사람들은 입을 모아 "이것은 어리석은 짓이다. 쓸데없는 짓이다. 감상주의感傷主義다."라고 소리 지른다.

하지만 사랑의 싹은 땅을 갓 뚫고 나왔을 때는 조금만 만져도 시들어버릴 만큼 연약하지만, 성장하고 난 뒤에는 강해지게 마련이다. 사랑의 싹은 사람들의 손길이 닿을 때마다 나쁜 결과를 가져온다. 사랑의 싹에 필요한 것은 오직 싹이 자라는 데 없어서는 안 될 이성이라는 태양이 아무런 방해도 받지 않은 채 싹에게 빛을 던지는 일뿐이다.

4장

나란 도대체
무엇인가?

사랑과 정면으로 대립하는 쾌락

LEV NIKOLAYEVICH TOLSTOI

쾌락을 추구할수록 남과의 싸움은 더욱 격화되고
고통은 심해지며 죽음은 더 빨리 다가온다.
사람들은 고통에 대한 공포로 자기 자신을 괴롭히면서
행복한 생활을 스스로 빼앗아버리는 것이다.

동물적 생존의 허망함과 그릇됨을 알고 자기 안에 있는 유일한 사랑
의 참된 생명을 해방시키는 사람만이 행복을 느낄 수 있다. 육체적
존재로서의 인간은 어쩔 수 없이 죽음을 향해 가고 있으며, 서서히
그리고 끊임없이 멸망해가고 있다. 모든 사람들은 이 사실을 너무도
잘 알고 있다. 하지만 사람들은 한평생 모든 수단을 동원해 멸망해가
는 자신의 생명을 이어나가려고 하며, 자신의 동물적 욕망을 충족시
키려고 한다. 그래서 사람들은 인생의 유일한 행복인 사랑의 가능성
을 스스로 빼앗아버리기 위해 온갖 노력을 기울이고 있는 것이다. 아
니, 오직 그것에만 몰두하고 있다고 해도 과언이 아닐 정도다.

인생을 이해하지 못하는 사람들은 살아가는 내내 자신의 생존을 위한 싸움이나 쾌락의 획득, 고통으로부터의 자기 구출, 그리고 피할 길 없는 죽음에서 벗어나려는 노력 등으로 시간을 허비한다. 하지만 쾌락을 추구할수록 남과의 싸움은 더욱 격화되고 고통은 심해지며 죽음은 더 빨리 다가온다. 가까이 다가오는 죽음에서 도망치는 방법은 하나밖에 없다. 즉, 쾌락을 더욱 많이 추구하는 것이다. 그런데 쾌락은 일정한 한도에 이르면 더 이상 증대되지 않으며, 어느 순간 고통으로 변한다. 그 뒤에 남는 것은 점점 커가는 고통과 그 고통 속에서 더욱 가까이 다가오는 죽음에 대한 공포뿐이다. 이를테면, 하나가 다른 것을 만들고, 또 하나가 다른 것을 강하게 하는 식으로 일종의 악순환이 일어나는 것이다.

인생의 의미를 이해하지 못하는 사람에게 가장 두려운 것은, 그들이 쾌락이라고 생각하는 것이 모든 사람들 사이에 골고루 나누어지는 것이 아니라 남으로부터 빼앗아야 한다는 점이다. 즉, 사랑의 원천인 모든 사람에 대한 호감을 제거해버리는 악이나 폭력을 사용해 쾌락을 획득해야 하는 것이다. 따라서 쾌락은 언제나 사랑과 정면으로 대립하며, 쾌락을 증대시킬수록 대립의 정도도 심해진다. 즉, 쾌락을 획득하기 위한 투쟁이 심할수록 인간이 얻을 수 있는 유일한 행복인 사랑은 점점 불가능해진다.

사람은 인생을 합리적 의식에 의해서 생명을 대해야 한다는 개념으로 이해하지 못하고 있다. 즉, 이성이 동물적 자아를 종속시켜야 한다는 사실을 이해하지 못하고 있는 것이다. 또한 인간만이 가지고 있는 모든 인간에 대한 호의를 참된 사랑으로 이끄는 활동으로 이해하지 못한 채 인생을 단지 육체적 생존으로만 알고 있다. 즉, 모든 사람에 대한 신의를 짓밟아버리는, 자기 자신이 조성한 일정한 조건 아래 일정한 기간 동안만 존속하는 육체적 조건으로만 인생을 이해하고 있는 것이다.

세속적인 설교를 받들면서 일정한 생존 조건을 조직하는 데 마음을 쏟는 사람들은 인생의 행복을 증진하기 위해서는 외적 조건을 좀 더 보강해야 한다고 생각하는 듯하다. 그런데 생존의 외적 조건을 좀 더 보강하기 위해서는 정면으로 대립되는 폭력을 남에게 더 많이 행사해야 한다. 따라서 생존의 외적 조건을 좀 더 보강하려고 하면 할수록 그는 사랑과 참된 생명으로부터 점점 멀어지게 되는 것이다.

이런 사람들은 동물적 생존의 행복을 한결같이 제로zero에 가까운 것이라고 이해하는 데 자신의 이성을 사용하지 않으며, 오히려 이 제로를 증대시키거나 감소시킬 수 있다고 생각한다. 그래서 어떻게 해서든지 외적 조건을 보강하는 데 자신의 이성을 모조리 동원하고 있다. 즉, 제로에 무엇을 곱해도 다시 제로가 된다는 사실을 깨닫지 못하고 있는 것이다.

많은 사람들이 동물적 자아의 생존은 한결같이 비참하며, 어떠한 외적 조건으로도 행복해질 수 없다는 사실을 깨닫지 못하고 있다. 다시 말해, 사람들은 자신이 어떤 외적 조건을 갖추고 있어도 다른 육

사랑과 정면으로 대립하는 쾌락

체적 존재보다 더 행복해질 수는 없다는 것, 마치 호수면湖水面의 어떤 부분도 다른 부분보다 수위가 더 높이 올라가지는 않는다는 사실을 깨닫지 못하고 있다.

비뚤어진 이성을 가진 사람은 이러한 사실을 깨닫지 못하고 있을 뿐 아니라, 그 비뚤어진 이성을 불가능한 일에 이용하고 있다. 즉, 어느 한 부분의 호수면 수위를 높이는 일에 일생을 바치고 있는 것이다. 마치 목욕탕 욕조에 들어가서 맥주를 만들겠다며 물거품을 내는 아이들처럼 말이다.

또한 그들은 인간의 생존을 쾌적하고 행복한 것이라고 생각한다. 그리고 "가난한 노동자나 환자들의 생활은 비참하고 불행하며, 부자나 건강한 사람의 생활은 쾌적하고 행복하다."고 말한다. 그래서 그들은 가난과 질병에 따르는 비참하고 불행한 생활에서 벗어나, 부유하고 건강하며 쾌적하고 행복한 생활을 누리기 위해 모든 이성을 동원하는 것이다.

그들은 이런 방식으로 여러 가지 형태의 행복을 누리기 위해 몰두하며, 자신이 가진 동물적 생존의 프로그램을 다음 세대에 전해주고 있다. 다음 세대는 조상으로부터 물려받은 행복한 생활을 되도록 최상의 형태로 유지하려고 노력하거나, 자신을 위해 더욱 새롭고 행복한 생활을 꾸려나가려고 애쓰면서 마치 엄청난 일이라도 하는 듯이 생각한다.

사람들은 이런 속임수 속에서 서로를 도우며, 때로는 자신도 무의미하다는 사실을 잘 알고 있으면서도 물을 방아로 찧는 이 어리석기 짝이 없는 일 속에 인생이 있다고 믿어버리고 만다. 그리고 결국에는 자신의 귀에 들리는 참된 생활에 대한 호소를 간단히 무시해버린다. 진리의 가르침이나 참된 삶을 획득한 사람들의 생활, 또는 심장 박동이 멈추더라도 이성과 사랑의 목소리는 결코 사라지지 않는다는 참된 생활에 대한 호소를 간단한 비웃음으로 외면할 만큼 자신들의 생각에 빠져버리는 것이다. 즉, 그들은 이성과 사랑의 생활이 가능하다고 믿는 대다수의 사람들이 불타고 있는 오막살이에서 끌어내고 있는 저 양떼들과 같다. 양떼들은 사람들이 자신들을 불속에 던져버리려는 줄 알고, 사력을 다해서 자신들을 구하려는 사람들과 싸우고 있는 것이다.

사람들은 죽음의 공포에서 벗어나기를 원치 않는다. 즉, 사람들은 고통에 대한 공포로 자기 자신을 괴롭히면서 행복한 생활을 스스로 빼앗아버리는 것이다.

죽음의 공포

LEV NIKOLAYEVICH TOLSTOI

죽음의 공포가 죽음 자체의 공포가 아니라
그릇된 삶의 공포라는 가장 분명한 증거는,
죽음의 공포로 인해 사람이 자살한다는 점에서 찾아볼 수 있다.

진리의 소리는 사람들에게 "죽음은 없다. 나는 부활이요, 생명이다. 나를 믿는 자는 죽어도 살 것이요, 살아서 나를 믿는 자는 영원히 죽지 않으리라. 너희는 이것을 믿느냐?"라고 말한다.

세계의 모든 위대한 스승들은 "죽음은 없다"고 말했다. 인생의 의의를 이해하는 수백만 명의 사람들도 역시 똑같은 말을 했고, 그들은 이 진리를 스스로의 생활로 입증해 보였다. 그리고 올바른 의식을 가진 사람이라면 누구라도 자신의 영혼 속에서 이와 같이 느끼지 않을 수 없을 것이다. 반면, 인생을 이해하지 못하는 사람은 죽음을 두려워하지 않을 수 없다. 그들은 죽음만을 보고, 죽음만을 믿는다. 그리고 분개한 목소리로 "어찌 죽음이 없을 수 있단 말인가? 그것은 궤변이다! 죽음은 우리의 눈앞에 있다. 무수한 사람들이 죽음으로 내몰렸고, 우리도 멸망해가고 있다. 너희가 아무리 죽음이 없다고 떠들어도 죽음은 여전히 존재한다. 지금 이 시점에도 있지 않은가!"라고 외친다.

그들은 마치 정신병자의 눈에만 무서운 환상이 보이듯 죽음을 보고 있는 것이다. 그들은 이 환상을 만져볼 수도, 이 환상이 아직 그들을 만져본 일도 없다. 이 환상이 어떤 의도를 갖고 있는지 그들은 모른다. 그러나 그들은 이 실재하지 않는 환상이 두려워서 결국 살아갈 수 없을 만큼 괴로워한다. 죽음도 환상과 마찬가지다. 인간은 자신의 죽음을 모르며, 또 절대로 알 수 없다. 죽음은 아직 그를 접촉한 적이 없다. 죽음이 어떤 의도를 갖고 있는지도 모른다. 그런데 무엇이 두렵단 말인가?

인생을 이해하지 못하는 사람들은 "죽음은 아직 나를 덮친 적이 없다. 하지만 죽음은 결국 나를 덮칠 것이다. 나는 분명히 알고 있다. 죽음이 나를 덮쳐서 멸망시키리라는 사실을 말이다. 나는 그것이 무서운 것이다."라고 말하고 있다.

만일 그릇된 인생관을 품고 있는 사람들이 냉정히 생각할 수 있고, 또 자신이 인생에 대해 지니고 있는 관념의 바탕을 올바르게 생각할 수 있다면, 죽음이라고 일컫는 변화가 우리의 육체적 생존에 나타나더라도 별로 불쾌하거나 두려운 일이 아니라는 결론을 내리지 않을 수 없다.

나는 죽는다. 여기에 무슨 두려움이 있으랴? 나의 육체적 생존 속에는 지금까지 여러 가지 변화가 일어났으며, 지금도 일어나고 있지 않은가? 나는 이러한 변화를 두려워한 적이 없지 않은가? 그렇다면 아직 시작되지도 않은 죽음이라는 이 변화를 무서워할 게 없지 않은가? 이 변화에는 나의 이성과 경험에 거슬리는 것이 하나도 없다. 뿐만 아니라 이 변화는 내가 완전히 이해할 수 있는 익숙한 자연 현상이다. 그러한 이유로 나는 죽음을 동물과 인간에게 불가결한, 그리고 알맞기조차 한 생활 조건인 것처럼 생각해왔으며, 지금도 그렇게 생각하고 있지 않은가? 그런데 무엇이 두렵단 말인가?

엄밀히 말해, 이론적 인생관에는 단 두 가지가 있을 뿐이다. 하나는 그릇된 인생관으로서, 태어나서 죽을 때까지의 내 육체에 생기는 눈에 보이는 현상을 인생으로 보는 것이고, 또 다른 하나는 참된 인생관으로서, 나 자신 속에 지니고 있는 눈에 보이지 않는 의식을 인생이라고 보는 것이다. 전자는 그릇된 인생관이요, 후자는 참된 인생관이지만, 모두가 이론적인 것으로서, 사람들은 둘 가운데 하나를 자기 인생관으로 할 수 있다. 그러나 어느 쪽이든 죽음에 대한 공포는 있을 수 없다.

인생을, 세상에 태어나면서부터 죽을 때까지 육체에 생기는 눈에 보이는 현상으로 여기는 그릇된 인생관은 이 세계와 마찬가지로 오랜 옛날부터 있어왔다. 이는 많은 사람들이 생각하는 것처럼 현대의 유물론적인 과학과 철학이 만들어낸 인생관이 아니다. 현대의 과학과 철학은 이 인생관을 극단적인 형태로 해석했을 뿐이다. 그 해석으로 인해 이 인생관과 인간 본성의 기본적인 요구 사이에 놓인 질적 차이가 전보다 더욱 분명하게 드러나고 있을 뿐이다. 어쨌든 이는 오랜 옛날부터 있어온 원시적 인생관이며, 미개한 단계에 있는 사람들이 주로 지니고 있었다.

이 인생관은 중국인, 불교도, 유태인뿐 아니라, "인간은 본래 흙이었으므로 흙으로 돌아갈 뿐이다."라는 잠언箴言 속에서도 찾아볼 수 있다. 이런 견해를 오늘날의 말로 표현하면 다음과 같이 된다.

"인생, 이는 공간과 시간 속에 나타난 물질력物質力의 우연한 유희다. 우리가 의식이라고 부르는 것은 생명이 아니라 생명이 그 의식 속에 있는 것처럼 생각하게 하는 일종의 감정의 기만이다. 즉, 의식 속에 생명이 있다고 생각할 뿐이다. 의식이란 일정한 상태 아래 있는 물질에서 일어나는 불꽃이다. 이 불꽃은 타오르고 사그라지다가 이윽고 완전히 꺼져버린다. 한정된 시간 속에서만 물질에 의해 체험되는 의식인 이 불꽃은 본래 없음[無]이다. 의식이 자기 자신 및 그 밖의 무한한 세계를 바라보고 판단하며, 이 세계의 우연한 유희를 보고, 우연이 아닌 것과 대조해서 이 유희를 우연이라고 일컫고 있음에도 불구하고, 이 의식은 본질적으로 죽은 물질의 소산이며, 아무런 흔적이나 의의도 남기지 않고 일어나자마자 사라져버리는 환영이다. 모든 것은 변화하는 물질의 소산에 불과하다. 생명이라고 일컫고 있는 것도 다만 죽은 물질의 일정한 상태에 불과한 것이다."

이 견해는 아주 논리적이다. 이 견해에 의하면 사람의 합리적 의식은 물질의 어느 상태에 따르는 단순한 우연에 지나지 않는다. 그러므로 우리가 자신의 의식 속에서 생명이라고 부르는 것도 역시 환영에 불과하며, 존재하는 것은 오직 죽은 것뿐이다. 우리가 생명이라고 일컫는 것도 사실은 죽음의 유희인 것이다. 이런 인생관에 따르면, 죽음을 두려워할 것이 아니라, 삶 그 자체가 부자연스럽고 불합리한 만큼 이것을 두려워해야 한다. 마치 불교도나 신新 염세주의자인 쇼펜하우어와 하르트만에게서 찾아볼 수 있는 것처럼 말이다.

인생에 대한 또 다른 견해를 살펴보자. 이 견해에 따르면, 인생이란 우리 자신 속에 의식하고 있는 것에 불과하다. 그리고 우리는 언제나 자신의 생명을 의식하지만, 그것은 나는 지금까지 존재해왔다든가 앞으로도 존재할 것이라는 식으로 의식하는 것이 아니라(나는 이런 식으로 생명에 대해 판단한다), 나는 존재하고 있다는 식으로 의식하는 것이다. 즉, 우리는 시작도 없고 끝도 없이 존재하는 자기로서의 생명을 의식한다. 말하자면, 우리 자신의 의식 속에는 시간과 공간의 개념이 전혀 없다. 우리의 생명은 분명히 시간과 공간의 테두리 속에서 나타나지만, 이는 단지 형태만 그럴 뿐이다.

우리가 의식하는 생명은 시간과 공간을 초월하는 것으로 의식된다. 그러므로 이 인생관을 따르면, 모든 것이 반대가 되는 것이다. 즉, 생명의 의식은 결코 환상이 아니다. 모든 시간과 공간적인 것이야말로 환상이다. 따라서 이 인생관에 의하면, "육체의 생존적, 공간적 단절에는 전혀 현실적인 것이 포함되어 있지 않다. 즉, 이에 의해 나의 참된 생명이 절단되거나 침해당하는 일이 없다. 다시 말해 이 인생관에 의하면 죽음이란 존재하지 않는다."라는 결론이 나온다. 어쨌든 이 두 인생관 가운데 어느 것이든지 굳게 간직한다면 죽음의 공포는 있을 수가 없다.

동물적, 합리적 존재로서 인간이 죽음을 두려워하는 일은 있을 수 없다. 동물은 생명에 대한 의식을 갖고 있지 않기 때문에 죽음이 무엇인지 모른다. 반면, 생명에 대한 의식을 갖고 있는 이성적 존재는 육체의 사멸을 물질의 자연스럽고 피할 수 없는 운동의 일부로서밖에 보지 않는다. 인간이 두려워하는 것은, 자신이 알지도 못하는 죽음이 아니라 동물적, 이성적 존재로서 알고 있는 삶이다. 사람들에게 죽음에 대한 공포라는 형태로 나타나는 감정은 삶의 내적 모순이 지닌 의식에 지나지 않는다. 이는 환상에 대한 공포가 정신병적 상태의 의식에 지나지 않는 것과 마찬가지다.

한 목소리가 "나는 존재하지 않게 될 것이다. 죽을 것이다. 내가 나의 생명이라고 여기는 모든 것이 죽을 것이다."라고 말한다.

다른 목소리는 "나는 존재하고 있다. 나는 죽을 수는 없으며 또 죽어서도 안 된다. 그런데도 나는 죽어가고 있다."라고 말한다.

사람들이 육체의 죽음에 대해 생각할 때 두려움에 사로잡히게 되는 이유는 모순 때문이다. 죽음 자체가 공포를 일으키는 경우는 결

죽음의 공포
·
175

코 없다. 즉, 죽음에 대한 공포는 사람이 자신의 동물적 육체의 단절을 두려워하는 데서 생기는 것이 아니라, 죽을 수도 없고 죽어서는 안 될 것이 죽어가고 있다는 생각에서 비롯되는 것이다. 미래의 죽음에 대한 사상은 현재 이루어지고 있는 죽음의 관념을 미래에 옮겨놓은 것에 불과하다. 자신의 육체가 언젠가는 죽을 것이라는 깨달음은 죽음에 대한 자각이 생겼다는 것을 의미하는 게 아니라, 삶에 대한 자각이 생겼다는 것을 의미한다. 그 사람이 본래 갖고 있어야 하는데 갖고 있지 않는 삶에 대한 자각 말이다. 이는 무덤에 묻혔다가 살아서 되돌아온 사람이 경험하리라고 예상되는 느낌과 비슷하다.

생명은 있다. 그런데 나는 죽음 속에 있다. 아니, 죽음이 여기에 있지 않은가! 즉, 그것은 존재하고 있는 것, 본래 존재하고 있어야 하는 것이 죽어가고 있다는 느낌이다. 여기에서 사람의 지혜는 헝클어지고 공포의 도가니로 내몰린다. 죽음의 공포가 죽음 자체의 공포가 아니라 그릇된 삶의 공포라는 가장 분명한 증거는, 죽음의 공포로 인해 사람이 자살한다는 점에서 찾아볼 수 있다.

사람들이 육체의 죽음이라는 관념을 두려워하는 이유는, 육체의 죽음이 사람들이 획득하지 못한 참된 생명을 획득할 필요가 있다는 사실을 분명히 보여주기 때문이다. 이러한 이유로 인생의 의미를 이해하지 못하는 사람들은 죽음에 대해 생각하기를 매우 싫어한다. 즉, 그들이 죽음을 두려워하는 것은 자신들이 합리적 의식의 요구에 따라서 살고 있지 않았다는 사실을 스스로 인정하는 것과 마찬가지다.

그들이 죽음을 두려워하는 이유는 죽음이 그들에겐 공허와 어둠으로 생각되기 때문이다. 하지만 그들이 죽음을 공허와 어둠으로 본다는 것은 그들이 삶을 제대로 보지 않고 있다는 증거에 불과하다.

나란 도대체 무엇인가?

LEV NIKOLAYEVICH TOLSTOI

"나란 도대체 무엇인가?"라고 묻는다면,
나는 "생각하거나 느끼는 것, 즉 전혀 다른 형태로 이 세계와
관계하고 있는 것."이라고 대답하는 수밖에 없다.

생명을 보지 못하는 사람들일지라도, 만일 자신들을 놀라게 하는 환상에 더욱 접근해 그것을 직접 만져보기만 한다면, 그 환상은 정말로 환상에 불과하며 결코 실제로 존재하지 않는다는 사실을 알게 될 것이다.

사람이 늘 죽음의 공포를 느끼는 이유는 육체의 죽음과 더불어 자신의 생명을 구성하고 있는 특수한 자아를 잃을까 두려워하기 때문이다. 자신이 죽으면 육체는 해체되어 자아는 소멸될 것이다. 즉, 그들에게 있어서 자아는 육체 안에서 오랫동안 살고 있었던 것이다.

사람들은 자아를 소중히 여긴다. 그리고 자아는 육체의 탄생과 함

께 발생한 만큼 육체의 사멸과 함께 당연히 소멸된다고 생각한다. 이러한 결론은 극히 보편적인 것으로서, 이를 의심하는 사람은 결코 없을 정도다. 하지만 사실 이 결론은 자기 멋대로 내려진 것이라고 할 수 있다. 자신을 물질주의자라고 말하는 사람도, 정신주의자라고 말하는 사람도 모두 자아는 오랫동안 살아온 자기 육체의 의식에 지나지 않는다는 확신에 빠져 있기 때문에 이러한 결론이 옳은지 그른지 검토해보려는 생각조차 전혀 하지 못하고 있다.

나는 태어나서 59년 동안이나 살았다. 그동안 나는 육체 속에서 자아를 의식해왔다. 그리고 내가 자아를 의식하는 일이야말로 나의 생활이라고 생각했다. 그러나 이는 단지 그렇게 생각되는 것에 불과하다. 내가 살아온 기간은 사실 59년이 아니며, 5만9천 년 또는 59초도 아니다. 나의 육체도, 그리고 육체가 생존하는 시간도 자아라는 것의 생명을 결정하지 못한다. 내가 살아가는 동안 의식이 나에게 "나란 도대체 무엇인가?"라고 묻는다면, 나는 "생각하거나 느끼는 것, 즉 전혀 다른 형태로 이 세계와 관계하고 있는 것"이라고 대답하는 수밖에 없다. 나는 자아를 이런 식으로 인정할 뿐 이것 외에는 아무것도 없는 것처럼 느낀다.

언제 어디서 내가 태어나고, 언제 어디서 내가 이처럼 느끼거나 생각하게 되었는지, 또한 지금 나는 어떻게 생각하고 느끼고 있는지에 대해 나는 전혀 아는 바가 없다. 나의 의식이 나에게 알려주는 것은 내가 존재하고 있다는 것, 즉 내가 세계에 대해 현재와 같은 상태로 관계를 유지하면서 존재하고 있다는 것뿐이다.

내가 태어난 일, 어린 시절의 일, 청소년 시절의 일, 장년 시절의 일, 그리고 극히 최근의 일도 나는 전혀 기억하고 있지 못할 때가 많다. 만일 내가 과거의 무엇을 기억하고 있거나 기억을 더듬어 상기해 낸다고 하더라도, 그것은 내가 풍문으로 들은 남의 소문처럼 알고 있거나 기억해낸 것에 불과하다. 그렇다면 나는 어떤 근거로, 내가 지금까지 살아온 기간을 통해서 내가 늘 하나의 나였다고 단정 지을 수 있을까? 나의 육체는 늘 뭔가 비물질적이고 눈에 보이지 않는 것을 통해서 끊임없이 흐르고 있는 하나의 물질이었으며, 현재도 역시 그렇다. 나의 전체 육신은 몇십 번이나 변화해왔다. 무엇 하나 옛날의 낡은 상태를 유지하고 있는 것은 없다. 근육도 내장도 뼈도 뇌도 모두 변화해왔다.

나의 육체가 유일하다는 사실은 단지 끊임없이 변화하고 있는 육체가 하나라는 것, 즉 자신의 것으로 인정하는 어떤 비물질적인 것이 존재하기 때문에 가능하다. 이 비물질적인 것이야말로 우리가 의식이라고 부르는 것이다. 결국 이 의식이 육체를 동일한 것으로 여겨서 이를 하나의 것, 즉 자신의 것으로 인정하고 있다고 보면 된다. 자신과 남을 구별하는 이 의식이 없었다면, 나는 내 생명과 남의 생명에 대한 그 어떤 것도 전혀 몰랐을 것이다.

사람들은 모든 것의 토대를 이루는 의식은 일정한 상태를 유지하면서 전혀 변화하지 않는다고 생각한다. 하지만 이는 잘못된 생각이다. 의식도 역시 변화하기 쉽다. 전 생애에 걸쳐서 우리는 잠이라는 현상을 되풀이하고 있다. 이 현상을 누구나 경험하기 때문에 극히 간단한 일로 생각하는 경향이 있다. 하지만 이는 이해하기 매우 어려운 현상이다. 잠을 자는 중에는 의식이 완전히 멈춘다는 사실을 생각한다면 더욱 그러하다.

의식은 우리가 날마다 깊이 잠들어 있을 때면 멈추지만, 잠에서 깨면 다시 소생한다. 그런데 이 와중에도 의식은 육체를 자신의 것이라고 간주한다. 그리고 의식이 중단되면 육체는 해체되어 하나의 통일체로서 존재하지 못할 것이라고 생각한다. 하지만 이러한 일은 자연적 수면뿐 아니라 인위적 수면에서도 결코 일어나지 않는다. 즉, 육체를 하나로 간주하는 의식이 이처럼 정기적으로 멈춰도 육체는 결코 해체되는 일이 없다. 뿐만 아니라 의식은 육체와 더불어 변화한다.

십 년 전에 나의 육체를 이루고 있던 물질과 오늘날의 나의 육체를 이루는 물질과는 전혀 공통점이 없다. 이처럼 하나의 의식도 변화하지 않은 채 그대로 내 속에 남아 있는 경우는 없다. 즉, 세 살 때의 내 의식과 현재의 내 의식은 현재의 내 육체를 이루는 물질과 30년 전에 내 육체를 이루던 물질이 다른 것과 마찬가지로 서로 다른 것이다. 하나이면서 변화하지 않는 의식이란 있을 수 없다. 무한히 분할할 수 있는 일련의 의식이 있을 뿐이다. 즉, 육체를 하나로 간주하고 이를 자신의 것으로 생각하는 의식도 불변하는 것이 아니라 중단되면서 변화하고 있는 것이다. 말하자면, '나'라는 의식은 우리가 흔히 생각하는 것처럼 하나이면서 결코 변화하지 않은 채 우리 속에서 유지되는 것이 아니다. 이는 육체가 하나인 동시에 계속해서 변화하는 것과 같은 이치다. 인간에게 하나인 동시에 변화하지 않는 육체란 있을 수 없다. 그리고 자신의 육체와 남의 육체를 구별하는 것, 즉 의식도 하나인 동시에 변화한다. 인간이 살아가는 동안 계속해서 하나인 동시에 변화하지 않는 의식이란 있을 수 없다는 뜻이다. 그래도 우리는 변함없이 자신을 자신이라고 느끼고 있다.

우리의 육체는 하나인 동시에 불변하는 것이 아니다. 더구나 변화하는 육체를 계속해서 자신의 것으로 인식하는 것은 단지 변화해가고 있는 일련의 의식에 불과하다. 그리고 우리는 헤아릴 수 없을 정도로 많이 자신의 육체와 의식을 잃고 있다. 끊임없이 육체를 잃고, 매일 잘 때마다 의식을 잃는 것이다. 그리고 날마다 매 시간 의식의 변화를 느끼면서도 우리는 이에 대해 전혀 두려움을 느끼지 않는다. 따라서 우리가 죽음에 의해 잃게 될지도 모른다고 두려워하는 자아가 실제로 존재한다면, 이 자아는 '나'라고 부르는 육체 속이나, 우리가 어느 일정 시간만 자기 것이라고 부르는 의식 속에도 존재하지 않는다. 그것은 당연히 다른 무엇 속에 있을 것이다. 즉, 계속해서 생기는 여러 의식을 하나로 통일하는 그 무엇 속에 있어야만 하는 것이다.

그렇다면 계속해서 생기는 여러 의식을 하나로 통일하는 것은 무엇일까? 육체의 생존과 이 육체 속에서 계속 일어나는 의식의 단순한 결합이 아니라, 여러 의식을 마치 하나의 꼬챙이로 꿰는 것처럼 하나로 통합해나가는 것, 즉 자아란 대체 무엇이란 말인가? 이 문제는 매우 심원하여 어렵게 느껴진다. 하지만 이 문제의 해답을 모르는 사람은 하나도 없다. 아이들도 하루에 스무 번씩이나 이 해답을 입 밖으로 내고 있다.

"나는 이게 좋아. 저건 싫어."라는 말은 매우 단순하지만, 이 말 속에는 모든 의식을 결합시키는 자아란 무엇인가라는 문제에 대한 해답이 들어 있다. 즉, 자아란 이게 좋고, 저게 싫은 나인 것이다. 그렇다면 왜 하나의 인간이면서도 이것은 좋고 저것은 싫은 것인가? 즉, 어떤 것은 사랑하고 어떤 것은 사랑하지 않는 것인가? 그 이유는 아무도 모른다. 그러나 어떤 것은 사랑하고 어떤 것은 사랑하지 않는다는 인간의 특성이 각 개인의 생명의 토대를 이루고 있으며, 각 개인 속에서 여러 의식을 통합해나가고 있다는 점은 확실하다.

외부 세계는 모든 사람에게 한결같이 작용한다. 그러나 각자가 받는 인상은 같은 조건이라도 각기 다르게 마련이다. 즉, 그 인상은 받아들이는 사람에 따라서 무한히 엉성하거나 은밀할 수도 있고, 또 강하거나 약할 수도 있다. 아무튼 이러한 인상에 의해 각 개인에게서 일어나는 일련의 의식이 서로 연결되어 나가는 것이다. 따라서 계속해서 일어나는 의식이 통합되는 것은 현재 이 순간 의식에 강하게 작용하는 인상과 전혀 작용하지 않는 인상이 존재하기 때문이다.

일정한 인상이 어떤 때는 강하게 의식되고, 또 어떤 때는 전혀 의식되지 않는 것은 그 사람이 어떤 것은 사랑하고 어떤 것은 사랑하지 않기 때문이다. 이 결과로 말미암아 일정한 일련의 의식이 성립되는 것이다. 그러므로 개인의 모든 의식을 통일해가는 인간의 근원적인 자아란 어떤 것을 사랑하고 어떤 것을 사랑하지 않는다는 인간의 특성임에 틀림없다. 이런 특수성은 우리가 살아 있는 동안 계속해서 발달하지만, 우리는 이 세상에 태어날 때 이미 이 특수성을 갖추고 있었다.

어떤 것은 사랑하고 어떤 것은 사랑하지 않는 인간의 특성을 우리는 일반적으로 개성이라고 부른다. 그리고 우리는 이 개성이라는 말을 일정한 장소와 시간과 조건 밑에서 이루어지는 각 개인의 특유한 성질로 보는 경우가 많다. 그러나 이는 잘못된 생각이다. 어떤 것은 사랑하고 어떤 것은 사랑하지 않는다는 인간의 특성은 시간적, 공간적 조건에서 생긴 것이 아니다. 인간은 이 세상에 태어날 때 이미 어떤 것은 사랑하고 어떤 것은 사랑하지 않는 매우 명확한 특성을 지니고 있었다. 그 때문에 같은 시간적, 공간적 조건 밑에서 태어나고 자란 사람들이라도 때로는 전혀 정반대의 내면적 자아를 보이는 경우가 발생하는 것이다.

우리의 육체 속에서 차례차례 하나로 결합되어가는 서로 다른 의식을 통일하는 것도 시간과 공간의 여러 조건으로 본다면 매우 확실한 어떤 것으로, 시간과 공간을 초월한 영역에서 우리의 세계로 가져온 것이다. 여기에서 어떠한 것은 바로 내가 의식하는 이 세계와 특

나라 도대체 무엇인가?

수한 관계를 이루는 나의 참된 자아다. 내가 나 자신을 이해하는 것은 이 근본적 특질에 의해서다. 만일 내가 다른 사람을 알고 있다면, 이는 단지 이 세계와 어떤 특수한 관계를 갖고 있는 존재로서만 알고 있는 것이다. 누구든지 다른 사람과 진지하게 정신적으로 접촉할 경우, 절대로 그들의 외형적 특성에 좌우되지 않고 그들의 본질을 규명하려고 한다. 즉, 그들이 세계와 어떤 관계를 맺고 있는지를 알려고 한다. 다시 말해, 그 사람이 무엇을 얼마나 사랑하고, 또 얼마나 사랑하지 않는지를 알려고 하는 것이다.

개, 말, 소 등 하나하나의 동물들과 내가 서로 사귈 수가 있어서 그들과 진지하게 정신적으로 소통할 수 있다고 한다면, 나는 그들을 겉모습으로 아는 것이 아니라 그들이 세계와 맺고 있는 특수한 관계, 즉 그들이 무엇을 얼마나 사랑하고, 사랑하지 않느냐 하는 사실에 의해 아는 것이다. 내가 여러 동물을 구별할 수 있다는 사실은 엄밀한 의미에서, 그 동물의 겉모습에 의한 것이 아니라, 세계와 맺고 있는 그들의 특수한 관계에 의한 것이다. 즉, 사자에게는 사자로서 좋아하는 것이 있고, 물고기에게는 물고기로서 좋아하는 것이 있다. 그리고 거미에게는 거미대로 좋아하는 것이 있다. 이처럼 여러 동물들이 좋아하는 것이 각각 다르기 때문에 나는 비로소 그들을 종류가 다른 동물로 분류할 수 있게 된다.

만일 내가 동물들이 제각기 세계와 특수한 관계를 맺고 있다는 사실을 알지 못한다고 해도, 이것이 그러한 관계가 본래 존재하지 않는다는 것을 증명하는 예가 될 수는 없다. 이는 한 마리의 거미가 세계와 맺고 있는 특수한 관계를 나 자신이 세계와 맺고 있는 특수한 관계와 동떨어진 것으로 파악한다는 사실, 그래서 나는 아직 그 거미를 실비오페리코(1789~1864. 이탈리아의 시인. 형무소에 수감되어 있을 때 거미와 가까이 지냈다고 함 — 옮긴이)가 거미들을 이해했던 것만큼 이해하지 못하고 있다는 사실을 증명하는 데 그치는 것이다.

내가 나 자신이나 전 세계에 대해 알고 있는 모든 것의 근저에는, 내가 현재 그 속에서 세계와 맺고 있는 특수한 관계가 존재하며, 이에 대한 결과로 나는 제각기 세계와 특수한 관계를 맺고 있는 다른 생물들을 볼 수 있는 것이다. 하지만 세계와 맺고 있는 나의 특수한 관계는 내가 이 세상에 태어나서 확립된 것이 아니다. 다시 말해 그것은 나의 육체와 함께 시작된 것도 아니며, 계속해서 일어나는 일련의 의식과 함께 시작된 것도 아니다.

따라서 시간적 의식에 의해서 하나로 결합된 나의 육체는 멸망하고 시간적 의식 자체도 소멸할지 모르지만, 나의 특수한 자아를 구성하는 나와 세계의 특수한 관계는 절대로 소멸될 리 없다. 왜냐하면 그것만이 참으로 존재하기 때문이다. 만일 그것이 존재하고 있지 않다면, 나는 자신 안에서 일어나는 의식의 연속도 알 수 없을 뿐 아니라, 나의 육체도 알 수 없으며, 나아가 나의 생명과 다른 어떠한 생명도 알 수 없게 될 것이다.

결론적으로, 육체와 의식이 사라진다고 해도 이는 결코 세계와 나의 특수한 관계까지 사라진다는 의미가 아니다. 세계와 나의 관계는 내가 이 세상에 태어난 순간에 비로소 시작되거나 발생한 것이 아니기 때문이다.

변화에 대한 두려움

LEV NIKOLAYEVICH TOLSTOI

> 사람은 삶의 극히 적은 부분만을 보고 삶의 전체를 보려고 하지 않으며,
> 자신의 마음에 드는 극히 적은 부분을 잃게 되지 않을까 걱정한다.
> 어느 한 부분만을 바라보는 사람은 이미 갖고 있는 것마저도 빼앗기고 만다.

우리는 육체가 죽음에 이르렀을 때, 시간에 매여 있는 일련의 의식과 육체를 하나로 결합하는 특수한 자아도 상실되는 것은 아닌지 두려워한다. 그렇지만 특수한 자아는 나의 탄생과 함께 시작된 것이 아니기 때문에, 일정한 시간적 의식의 중단이 모든 시간적 의식의 결합을 사라지게 할 수는 없다.

육체의 죽음은 실제로 시간적 생명의 의식을 사라지게 한다. 하지만 시간적 생명의 의식이 중단되는 현상은 우리가 매일 잠잘 때마다 경험하고 있지 않은가? 문제는 육체의 죽음과 함께 모든 의식을 하나로 결합하는, 즉 세계와 내가 맺고 있는 특수한 관계까지도 사라지

는 것은 아닌가 하는 점이다. 이를 증명하기 위해서는 우선 모든 연속적 의식을 하나로 결합하는 나와 세계의 특수한 관계가 우리의 육체적 생존과 더불어 생겨난 것이므로, 이와 더불어 사멸하리라는 점을 입증할 필요가 있다. 하지만 이런 일은 실제로 일어나지 않는다.

　자신의 의식을 바탕으로 생각해봐도 알 수 있지만, 나의 모든 의식을 하나로 결합하는 것은 '나'라는 존재를 이루고 있는 세계와 나의 특수한 관계는 외적 원인의 소산이 아니며, 나의 생활에 있어서 온갖 다른 현상의 근본적인 원인이 된다. 즉, 어떤 것에 대해서는 일정한 인상을 받고 어떤 것에 대해서는 아무런 인상도 받지 않아서, 그 결과로 어떤 것은 내 의식 속에 남고 어떤 것은 남지 않는다는 현상을 일으키고 있는 나의 특성, 많든 적든 어떤 것은 사랑하고 어떤 것은 사랑하지 않는 나의 특성, 행복을 좋아하고 불행을 싫어하는 나의 특성 등의 근본적인 원인이 되는 것이다.

　또한 관찰 측면에서는 맨 처음 자아의 특수한 원인이 부모님, 그리고 부모님과 나에게 영향을 미친 조건의 특수성에 있다고 생각되었다. 그런데 이런 사고방식에서 나는 다음과 같은 사실을 느꼈다. 즉, 만일 나의 특별한 자아가 부모님과 그들에게 영향을 미친 여러 조건의 특수성에 의한 것이라면, 이는 조상 전체의 특수성과 그들이 생존하던 조건 속에도 있게 되므로 한없이 거슬러 올라가면 시간과 공간의 피안에 이르게 된다는 사실을 느끼지 않을 수 없다. 그래서 나의 특수한 자아는 공간과 시간과의 피안에서 생기게 된다는 결론이 나올 수 있는 것이다.

이처럼 우리가 육체의 죽음과 함께 사라지지 않을까 두려워하는 특별한 자아는 시간과 공간을 초월한 바탕 속에서만, 세계에 대한 우리의 특수한 관계 속에서만 존재하는 것이다. 다시 말해 내가 기억하는 생활에 선행하는 의식(플라톤이 말한 바와 같이 역시 우리는 모두 자기 안에서 그렇게 느끼고 있는 것처럼)을 결합하는 관계, 즉 세계에 대해서 내가 갖고 있는 특수한 관계에 특별한 자아가 가로놓여 있는 것이다.

그러므로 우리는 모든 의식을 하나로 결합하는 특별한 자아가 늘 존재한다는 사실을 알아야 하며, 멈출 수 있는 것은 일정한 시간에 매인 일련의 의식뿐이라는 점을 이해할 필요가 있다. 육체의 죽음과 더불어 시간적으로 의식이 사라지는 것은 매일 잠을 자는 것과 마찬가지로 참된 인간적 자아를 사라지게 할 수 없다는 사실을 확실히 알아야 한다. 즉, 잠을 자는 동안에는 죽음의 경우처럼 시간적 의식이 멈추기는 하지만, 그렇다고 잠자는 일을 두려워하는 사람은 한 명도 없다는 사실을 기억해야 한다. 의식의 사라짐은 죽음과 똑같음에도 불구하고 사람들이 잠자기를 두려워하지 않는 이유는 언제 자든지 깰 때가 되면 깰 것이라는 판단 때문이 아니다(이 판단은 정확하다고 볼 수 없다. 천 번은 깰 수 있었다고 해도, 천한 번째는 깨지 못할지도 모르니까). 어느 누구도 이런 판단을 내린 적은 없으며, 이런 판단만으로 안심하고 잠자리에 들 수는 없다. 우리가 잠자리에 들 수 있는 이유는 사람의 참된 자아는 시간을 초월하며, 따라서 시간 속에 나타나는 그의 의식의 중단은 생활을 파괴하는 것이 아니라는 사실을 잘 알고 있기 때문이다.

사람이 동화책의 내용처럼 천 년 동안 잠을 잔다고 해도, 그는 두 시간 동안 잠을 자는 마음과 똑같이 태평하게 잠자리에 들 것이다. 시간에 얽매이지 않는 참된 생명의 의식에서 본다면, 백만 년이나 되는 시간의 중단도 마찬가지다. 참된 생명에는 시간이 존재하지 않기 때문이다.

육체는 사라질 것이다. 오늘날의 의식도 사라질 것이다. 그러나 나는 육체가 변화하는 것과 일시적 의식이 다른 의식으로 바뀌는 일에 우리도 이제 어느 정도 익숙해져야 하지 않을까 싶다. 이런 변화는 사람의 기억이 미칠 수 있는 먼 옛날에 시작해 끊임없이 계속되어왔다. 사람은 육체의 변화는 무서워하지 않는다. 아니, 무서워하기는커녕 변화를 촉진하려고 노력한다. 즉, 빨리 크고 싶다, 빨리 어른이 되고 싶다, 빨리 완쾌하고 싶다는 식으로 말이다. 맨 처음 사람은 하나의 붉은 고깃덩어리였으며, 의식은 모두 위胃의 요구에만 의거했다. 그러던 사람이 지금은 수염을 기른 지각 있는 신사가 되어 있거나 장성한 자식들을 사랑하는 부인이 되어 있다. 육체뿐 아니라 의식도 그것에 맞게 완전히 변화되어버렸다. 하지만 사람들은 자신을 현재의 상태로 이끌어온 변화를 조금도 무서워하지 않을 뿐 아니라 오히려 환영하고 있다.

그렇다면 앞으로 일어날 변화 가운데 무엇이 무서운 것일까? 사라지는 것? 하지만 모든 변화 속에 포함되어 있는 것, 즉 참된 생명의 의식을 갖게 하는 것은 육체의 탄생에서 비롯된 것이 아니다. 그것은 육체와 시간을 초월한다. 이렇듯 시간과 공간을 초월한 것을 어떤 시간과 공간의 변화가 멸망시킬 수 있겠는가? 사람은 삶의 극히 적은 부분만을 보고 삶의 전체를 보려고 하지 않으며, 자신의 마음에 드는 극히 적은 부분을 잃게 되지 않을까 걱정한다. 이는 마치 자신의 몸이 유리로 만들어졌다고 생각하던 미치광이가 바닥에 넘어지는 순간, "아이고!"라는 외마디 비명을 남긴 채 숨이 넘어갔다는 우스운 이야기를 생각나게 만든다. 참된 생명을 갖고 싶다면 공간과 시간 사이에 나타나는 작은 부분이 아닌 생명 전체를 바라보지 않으면 안 된다. 생명 전체를 바라보는 사람에게는 더욱 많은 것이 주어지지만, 어느 한 부분만을 바라보는 사람은 이미 갖고 있는 것마저도 빼앗기고 만다.

나이 들어간다는 것
LEV NIKOLAYEVICH TOLSTOI

병들거나 나이를 먹는다거나 목숨이 얼마 남지 않았다며
슬퍼하는 일은, 마치 빛을 향해 가고 있는 사람이 빛에 가까이 다가갈수록
자신의 그림자가 작아진다고 한탄하는 일과 같다.

우리는 인생을 세계와의 일정한 관계 이외의 것으로 파악할 수 없다.
또한 우리는 자신의 생명은 물론이고 다른 사람의 생명까지도 세계
와 자신의 관계로만 파악하고 있지 않다. 즉, 동물적 자아를 이성에게
더욱 강하게 종속시켜 더 큰 사랑을 나타냄으로써, 세계와의 관계를
새롭게 확립해나가는 활동이라고 파악하고 있는 것이다. 결국 우리
가 자신에게서 보게 되는 육체의 필연적인 소멸은 현재 세계와 우리
가 맺고 있는 관계가 전혀 변화하지 않는 것이 아니며, 우리는 다른
새로운 관계를 확립해야 한다는 사실을 잘 보여주고 있다. 즉, 새로운
관계를 확립해 생명의 활동을 지속함으로써 죽음이라는 관념을 타파

하는 것이다.

세계에 대한 이성적 관계를 확립해 더 큰 사랑을 나타내는 데에서 인생의 의의를 발견하지 않고, 태어났을 때 세계와 맺었던 관계에 그대로 머물러 있는 사람, 즉 어떤 것을 사랑하고 어떤 것을 사랑하지 않는다는 가장 조그마한 사랑에 머물러 있는 사람만이 죽음에 대한 관념을 갖게 마련이다. 생명은 그칠 줄 모르는 활동이다. 태어났을 때 맺었던 세계와의 관계를 그대로 유지하는 사람은 생명의 중단을 느끼고 죽음의 관념에 빠지지 않을 수 없다. 죽음은 이런 사람에게만 보이고 두려움을 준다. 이런 사람은 죽음이 비단 미래의 것으로만 보이는 것이 아니라 현재의 것으로 보이기 때문에 두려움을 느낀다.

동물적 생명은 유년에서 노년에 이르기까지 끊임없이 쇠퇴를 계속한다. 왜냐하면 유년에서 성년에 이르는 생존의 활동은 일시적으로는 체력을 증진시키는 듯하지만, 본질적으로는 탄생에서부터 죽음에 이르기까지 끊임없이 지속되는 신체 여러 기관들의 경화硬化, 또는 생활력의 감퇴에 지나지 않기 때문이다. 이런 생각을 지니고 사는 사람들은 눈앞에서 늘 죽음을 목격하게 된다. 그리고 그 어떤 것도 죽음으로부터 그를 건져낼 수가 없다. 그래서 그의 삶은 시시각각 점점 악화되어갈 뿐이며, 아무것도 그의 삶을 호전시킬 수 없다. 이런 사람들은 세계와 자신이 맺고 있는 특수한 관계, 즉 어떤 것을 사랑하고 사랑하지 않는 특성이 자신의 생존 조건 가운데 하나에 불과하다고 생각한다. 또한 그는 세계와의 새로운 관계를 확립하는 것, 즉 조그마한 사랑을 더욱 큰 사랑으로 바꿔나가는 것은 쓸데없는 일이라고 생각한다. 그래서 그는 신체 여러 기관의 노화, 육체의 노쇠와 죽음 같은 필연적인 현상에서 어떻게든 벗어나기 위한 무의미한 노력에 자신의 인생을 모두 소모한다.

그러나 인생의 참된 의의를 이해하고 있는 사람은 다르다. 그는 알고 있다. 세계와 자신의 특수한 관계, 즉 어떤 것을 사랑하고 어떤 것을 사랑하지 않는 인간의 특성을 이 세상에 태어날 때 자신이 이미 몸에 지니고 있었다는 사실을 말이다. 어떤 것을 사랑하고 사랑하지 않는다는 것은 그가 이 세상에 태어날 때 이미 몸에 지니고 있던 특성이자 생명의 본질이라는 사실을 아는 것이다. 그렇기 때문에 그는 단지 생명의 활동에만, 즉 작은 사랑을 바꿔나가는 일에만 자신의 인생을 쓰고 있는 것이다.

이런 사람은 자신의 과거를 되돌아보고 자신의 기억 속에 있는 일련의 의식을 더듬으면서 다음과 같은 것을 확인한다. 즉, 세계와 자신이 맺는 관계는 변화했을 뿐 아니라, 이성의 법칙에 더욱 많이 종속되었다는 점과 사랑의 강도가 더욱 강화되었다는 점, 그리고 육체가 쇠약해져 감에도 때로는 이에 반비례해서 더 큰 행복을 느낀다는 점을 말이다.

또한 이런 사람은 눈에 보이지 않는 과거의 세계에서 생명을 받아들이며, 그 생명의 끊임없는 증대를 의식하면서 평안한 마음으로 즐거움을 느끼며 눈에 보이지 않는 미래의 세계로 그 생명을 옮겨간다.

우리는 병, 늙음, 쇠약, 노망 같은 현상을 생명의 소멸을 가져오는 것이라고 생각한다. 그렇다면 이것이 누구에게나 그렇단 말인가? 나는 나이를 먹고 나서 완전히 어린아이가 되었다고 전해지는 사도 요한을 생각해본다.

전하는 바에 따르면, 그는 늘 "형제들아, 사랑한다!"고 말했다고 한다. 겨우 몸을 움직일 수 있는 백 살의 노인이 눈에 눈물을 가득 담고 "사랑하라!"는 말만 중얼거리고 있었던 것이다. 이런 사람에게는 동물적 생존의 흔적을 거의 찾아볼 수 없다. 이는 세계와의 새로운 관계에 의해, 즉 육체의 생존에는 깃들 수 없는 새 생명에 의해 제거되었기 때문이다.

인생을 참된 모습으로 파악하는 사람에게는 병들거나 나이를 먹는다거나 목숨이 얼마 남지 않았다며 슬퍼하는 일은, 마치 빛을 향해 가고 있는 사람이 빛에 가까이 다가갈수록 자신의 그림자가 작아진다고 한탄하는 일처럼 느껴진다. 또한 육체가 사라지면 생명도 끝난다는 생각은 물체가 빛에 가까이 놓일수록 빛의 반사에 의해 물체가 보이지 않는 현상을 마치 물체 자체가 소멸되었다고 믿는 것과 같다. 이러한 결론을 내리는 것은 그림자만을 오랫동안 봐왔기 때문에 그림자를 물체 자체라고 생각하는 사람들뿐이다.

이 세상에 태어날 때 이미 자신이 가지고 있던 세계와의 특수한 관계를 더욱 확장해나가는, 즉 인생을 생활의 작은 사랑을 점점 더 큰 사랑으로 변화시켜나가는 활동이라고 생각하는 사람은 절대 소멸을 믿지 않는다. 이는 마치 눈에 보이는 외면적인 법칙을 알고 있는 사람이 자신을 양배추 아래에서 주워왔다는 어머니의 말이나 육체가 갑자기 어디론가 날아가버려서 아무것도 남지 않으리라는 이야기를 도저히 믿지 않는 것과 같은 이치다.

추억이란?
LEV NIKOLAYEVICH TOLSTOI

> 나의 형제가 죽었다. 하지만 그가 내 눈앞에서 사라졌다고 해서
> 그와 나의 관계마저 없어져버리는 것은 아니다.
> 나에게는 그에 대한 여러 가지 추억이 남아 있다. 그의 얼굴이나
> 손이나 눈에 대한 추억이 아니라, 정신적인 형상의 추억 말이다.

죽음이 생명 자체의 본질이라는 관점을 따른다면 죽음의 미신은 더욱 명백해진다. 나의 친구와 형제는 나와 똑같이 생활하고 있었다. 그런데 지금은 나와 같은 생활을 하고 있지 않다. 그들의 생명은 그들의 의식으로, 그들의 육체적 생존 조건 속에서 발생했다. 말하자면 그들의 의식을 나타내기 위한 장소나 시간은 없으며, 그들은 나에게 있어서 존재하지 않는 것과 마찬가지다. 나의 형제는 있었다. 나는 그와 다정하게 지냈다. 하지만 지금 그는 없다. 나는 그가 어디에 있는지 결코 알 수 없다.

인생의 참뜻을 알지 못하는 사람들은 이렇게 말한다. "그와 나 사이

의 모든 연락은 끊어졌다. 우리에게 그는 존재하지 않는다. 마찬가지로 나중에 남는 사람들에게도 그는 존재하지 않게 될 것이다. 그런데 어째서 이것이 죽음이 아니라고 말할 수 있겠는가?"

이러한 사람은 외면적인 왕래가 끊어진 것을 명확한 죽음의 증거라고 생각하고 있다. 그런데 우리 주변 사람들의 죽음만큼 더 분명하게 죽음에 대한 관념이 환상이나 망상에 지나지 않는다는 사실을 보여주는 예가 또 있을까? 나의 형제는 죽었다. 그래서 무엇이 일어났단 말인가? 이는 단지 내가 시간과 공간 속에서 볼 수 있었던 세계와 그가 맺고 있었던 관계의 표시가 나의 눈앞에서 사라져버리고, 나중에는 아무것도 남지 않았다는 증거일 뿐이다.

아직 나방이 되지 않아 누에고치 속에 머무는 번데기가 말을 할 수 있다면 자기 곁에서 텅 비어 있는 누에고치가 뒹구는 모습을 본 번데기는 아마도 "나중에는 아무것도 남지 않았다."라고 말했을 것이다. 곁에 있는 자기 이웃을 잃어버려서 더 이상 이웃과 친밀하게 지낼 수 없는 번데기가 이렇게 말하는 것도 무리는 아니다. 그러나 인간의 경우는 다르다. 나의 형제가 죽었다. 형제의 누에고치는 정말 껍데기만 남게 되었다. 지금까지 봐온 낯익은 모습을 이제 더 이상 볼 수가 없다. 하지만 그가 내 눈앞에서 사라졌다고 해서 그와 나의 관계마저 없어져버리는 것은 아니다. 나에게는 그에 대한 여러 가지 추억이 남아 있다. 그의 얼굴이나 손이나 눈에 대한 추억이 아니라, 정신적인 형상의 추억 말이다.

추억이란 도대체 무엇인가? 극히 단순하고 이해하기 쉬운 듯이 느껴지는 이 말의 의미는 도대체 무엇인가? 나는 그리운 형제에 대한 추억을 갖고 있다. 그리고 이 추억은 형제의 생활이 이성의 법칙에 합치하면 할수록, 그의 생활이 사랑으로 충만하면 할수록 더욱 생생히 떠오르게 된다.

추억은 단지 관념에 불과한 것이 아니라, 형제가 이 세상에 생존해 있을 때와 마찬가지로 나에게 영향을 미친다. 추억은 형제가 세상에 생존해 있을 때 그를 에워싸던, 그리고 나와 다른 사람에게 영향을 미치던, 또한 그가 죽은 지금도 나에게 영향을 미치고 있는 눈에 보이지 않는 비물질적인 그의 체취다. 추억은 그가 죽은 지금도 그가 살아 있을 때 나에게 요구하던 것과 똑같은 것을 요구하고 있다. 뿐만 아니라 추억은 그가 살아 있을 때보다 죽은 후에 나에게 더 강한 구속력을 가진다. 즉, 나의 형제에게 깃들어 있던 생명력은 살아나지도 않고 줄어들지도 않을 뿐 아니라, 오히려 증대되어 이전보다 더욱 강하게 나에게 작용하는 것이다.

내 형제의 생명력은 그의 육체가 죽은 뒤에도 살아 있을 때와 마찬가지로, 아니 그 이상으로 나에게 강하게 작용한다. 이는 마치 지금도 생명력을 가진 것처럼 나에게 작용하고 있다. 나는 형제의 이러한 생명력을 그가 살아 있을 때와 마찬가지로 온몸으로 느끼고 있다. 즉, 나는 내가 세계와 어떤 특수한 관계를 맺고 있는지를 나에게 알려준, 그가 세계와 맺고 있었던 관계로서의 그의 생명력을 지금도 느끼고 있는 것이다. 이러할진대, 어떻게 죽은 형제는 이미 생명을 잃었다고 단언할 수 있겠는가? 나는 말할 수 있다. 나의 형제는 세계와 자신이 동물로서의 비참한 관계, 즉 세계와 내가 지금 맺고 있는 동물적인 관계에서 벗어난 것이라고 말이다.

또한 나는 세계와 나의 형제가 현재 맺고 있는 새로운 관계의 핵심을 눈으로 직접 볼 수 없지만, 그의 생명을 부정할 수는 없다. 왜냐하면 그의 생명력을 내가 온몸으로 느끼고 있기 때문이다. 예를 들어, 나의 모습을 거울에 비춰볼 때 갑자기 거울이 흐려지면서 내 모습을 볼 수 없을 때가 있다. 그래도 나는 내가 살아 있음을 정신으로 느낀다.

마찬가지로 지금은 죽은 내 형제를 눈으로 직접 볼 수는 없지만, 그의 생명은 나에게 작용할 뿐 아니라 내 속에 파고들어온다. 생명을 가진 그의 자아, 즉 세계와 그가 맺었던 관계가 세계와 내가 맺는 관계가 되는 것이다. 마치 그는 세계와 자신이 맺은 새로운 관계를 확립함으로써 자신이 오른 그 단계까지 나를 끌어올리려는 듯하다. 나, 즉 살아 있는 자아에게는 그가 이미 발을 들여놓은 그 단계가 더욱 분명히 느껴진다. 그는 나의 눈앞에서 사라졌지만, 나에게 뒤따라오라고 말한다. 이처럼 나는 육체적으로 죽은 형제의 생명을 의식하고 있으며, 이로 인해 그의 생명이 현재도 존속되고 있다는 사실을 의심할 수 없다. 그리고 내 눈앞에서 사라진 이 생명의 세계에 대한 작용을 관찰할 때, 나는 눈앞에서 사라진 생명의 실재성實在性을 더욱 분

추억이란?
·

명히 확인하게 된다. 형제는 죽었다. 하지만 그가 세계와 맺었던 관계는 사람들에게 그가 살아 있을 때보다 몇 배 더 강하게 작용한다. 이러한 작용은 그가 갖고 있는 이성과 사랑의 크기에 따라서 증대된다. 살아 있는 모든 것처럼 결코 정지되거나 중단되는 일 없이 계속해서 증대하는 것이다.

그리스도는 아득한 옛날에 죽었다. 그의 육체적 생존은 무척 짧았다. 우리는 육체적 존재로서의 그리스도에 대해서는 분명한 지식을 갖고 있지 않다. 그러나 이성과 사랑에 충만한 그의 생명력, 즉 세계와 그리스도가 맺었던 관계는 오늘날에 이르기까지 세계와 그리스도의 관계를 자신 안에 받아들이고, 거기에 의지하면서 살아가는 많은 사람들에게 작용하고 있다.

그렇다면 이러한 작용은 과연 무엇인가? 일찍이 그리스도의 육체적 생존과 결부되어 있었으며, 지금도 여전히 그리스도의 생명을 존속시키고 확대시키는 것은 무엇이란 말인가? 사람들은 그것을 그리스도의 생명 자체가 아니라 생명의 결과라고 말한다. 이처럼 무의미한 말을 내뱉는 사람들은 그리스도의 생명은 살아 있는 그리스도 자체라는 말보다 더 명확한 말을 입 밖에 내고 싶어 한다. 이는 도토리나무 곁에 굴을 파고 있는 개미들이 입 밖에 낼 법한 말이다. 즉, 도토리는 싹이 터서 떡갈나무가 된다. 뿌리를 땅속에 뻗고, 가지를 키울 잎이나 새로운 도토리를 땅에 떨어뜨리며, 햇빛이나 비를 막음으로써 주위에 살고 있는 모든 것을 변화시킨다. 이때 개미들은 "이는 도토리의 생명 자체가 아니라, 생명의 결과다. 도토리의 생명은 우리가 이 도토리를 끌고 가서 우리의 구멍에 떨어뜨렸을 때 이미 끝나버린 것이다."라고 말할 것이다.

나의 형제가 어제 죽었든, 천 년 전에 죽었든 그가 육체적으로 생존해 있는 동안 움직이고 있던 그의 생명력은 나뿐만 아니라 수없이 많은 사람들 속에서 더욱 강하게 작용하고 있었던 것이다. 즉, 내 눈에 보이던 육체적 존재의 핵심은 지금 눈앞에서 완전히 사라졌지만, 지금 더욱 강하게 움직이고 있다. 그렇다면 왜 이런 일이 생기는 것인가? 이는 내 눈앞에서 불타오르는 빛을 직접 보는 것과 같은 이치다. 즉, 풀은 이미 타서 재가 되어버렸지만, 빛은 더욱 강하게 타오른다. 나는 불의 원인인 풀을 지금은 볼 수가 없다. 무엇이 타고 있는지도 알 수 없다. 그러나 이 풀을 타게 한 그 불이 지금 먼 숲을, 또는 내가 볼 수 있는 무엇을 불사르고 있다고 추정할 수는 있다.

그리고 이 빛은 나를 인도해 나에게 생명을 부여한다. 즉, 나는 이 빛에 의해 살고 있는 것이다. 그러니 어찌 내가 이 빛의 존재를 부정할 수 있겠는가! 나는 이 생명의 힘이 지금은 눈에 보이지 않는 다른 핵심을 갖고 있다고 생각한다. 그리고 보이지 않는다고 해서 나는 그 존재를 부정할 수가 없다. 왜냐하면 나는 이 생명의 힘을 느끼고 있으며, 이 생명의 힘에 의해 움직이고 또한 살고 있기 때문이다. 그것의 핵심이 무엇이고, 생명 자체가 무엇인지 정확히 알 수는 없지만, 추측은 가능하다. 내가 추측하기를 즐기고, 문제를 확대하는 일을 두려워하지 않는다면 말이다.

그러나 나는 생명에 대한 합리적인 해석을 내려야 하므로, 명확한 것만을 문제 삼기로 하겠다. 애매한 추측으로 일부러 명확성을 해치고 싶지는 않다. 내가 생존하면서 의지하는 모든 것은 나보다 먼저 살던 사람들의 생명으로 이루어져 있다. 따라서 생명의 법칙에 따라 동물적 자아를 이성에 종속시킴으로써 사랑의 힘을 보여준 모든 사람들은 육체적 생존이 중단된 뒤에도 다른 사람들 속에서 살아왔고 지금도 살고 있다는 사실을 아는 사람이라면, 죽음에 대한 어리석기 짝이 없는 무서운 미신에 더 이상 괴롭힘을 당하지 않을 것이라는 사실은 아주 명백하다.

우리는 자신이 죽은 뒤에도 계속해서 힘을 발휘하는 사람들, 동물적 자아를 이성에 종속시켜 사랑의 생활을 누린 사람들이 어떤 이유로 생명의 불멸을 의심하지 않았는지를 알 수 있다. 그들의 생활 속에서 우리는 생명의 불멸을 믿는 신념의 토대를 찾아볼 수 있다. 그리고 우리가 생명의 본질을 깊이 생각해볼 때, 자신의 안에도 이러한 신념의 토대가 있다는 사실을 발견하게 된다. 그리스도는 생명의 그림자가 사라진 뒤에도 자신은 살 것이라고 말했다. 그가 이렇게 말한 것은 육체의 생존 속에 이미 중단될 수 없는 참된 생명이 깃들어 있었기 때문이다.

그리스도는 이미 육체적으로 생존해 있던 와중에, 자신이 가까이 다가가던 생명의 핵심으로부터 흘러나오는 빛 속에서 살고 있었던 것이다. 그는 이 빛이 주위의 사람들에게도 비치고 있다는 사실을 알고 있었다. 동물적 자아의 행복을 부정하고, 이성과 사랑에 충만한 생활을 하고 있는 사람은 누구든지 이 같은 것을 볼 수 있다.

인간의 활동 범위가 아무리 좁더라도 동물적 자아의 행복을 부정하고 남의 행복을 위해 살아간다면, 그는 이미 현재의 생활에서 저 세계와의 새로운 관계, 즉 죽음이 존재하지 않는 새로운 관계에 놓이게 된다.

이성의 법칙에 따라 사랑을 표현하는 인생의 의미를 인정하는 사람은 현재 자신이 가까이 다가가고 있는 생명의 새로운 핵심에서 이미 비쳐오고 있는 빛을 볼 것이며, 이 빛이 그를 통해 주위의 사람들에게 비치는 것도 보게 될 것이다. 그리고 이것이 그에게 생명은 감소하거나 사라지지 않으며, 영원히 증대되리라는 명확한 신념을 갖게 한다. 불사不死에 대한 신념은 누구에게서도 받을 수 없으며, 또한 어느 누구도 내 마음에 불사의 신념을 심어줄 수 없다.

불사에 대한 신념이 존재하려면 우선 불사가 존재해야 한다. 그리고 불사가 존재하려면 자신의 삶이 불사라는 관점에서 자신의 생명을 파악해야 한다. 미래의 삶을 믿는 사람이란 인생의 사업을 이루고, 저 세계와의 새로운 관계를 인생 속에 확립한 사람이다.

무엇을 두려워하는가?

LEV NIKOLAYEVICH TOLSTOI

관계라는 것이 먹고 마시고, 자식을 낳고, 집을 짓고,
옷을 입는 것과 같은 일이라면, 즉 나와 다른 사람 및 동물에 대한 관계라면
결국 인간이 모든 생활에서 맺는 것이 관계가 된다.
그리고 이 관계는 절대로 없어지지 않는다.

인생을 참된 의미에서 생각해본다면, 죽음의 이상야릇한 공포가 무
엇에 의해서 유지되는지 이해하기 어렵다. 이는 마치 유령에 두려움
을 느끼는 사람이 관찰을 통해 유령이라는 것이 환상이라는 사실을
안 뒤부터는 두 번 다시 이런 환상에 의한 두려움을 느끼지 않는 것
과 같다. 하나밖에 없는 것을 잃어버리지 않을까라는 불안은 합리적
의식이 갖는 세계와의 특수한 관계, 알고 있지만 눈에 보이지 않는
하나의 관계, 그리고 세계와 동물적 의식 및 육체가 갖는 관계도 생
명의 바탕을 이룬다는 사실을 인정하는 데서 생긴다.

즉, 인간은 모든 것을 첫째, 세계와 자신의 이성적 의식이 갖는 관

계로 둘째, 세계와 자신의 동물적 의식이 갖는 관계로 셋째, 세계와 자신의 육체가 갖는 관계로 파악하고 있다. 그리고 인간은 세계와 자신의 이성적 의식이 갖는 관계야말로 생명의 유일한 바탕임을 이해하지 못한 채, 세계와 동물적 의식 및 물질이 갖는 관계를 생명의 바탕이라고 생각한다. 그리고 자신의 개성 속에서 세계와 자신의 동물적 의식 및 자신을 구성하는 물질이 갖는 종전의 관계가 무너지면 세계와 자신의 합리적 의식이 갖는 특수한 관계마저도 무너지지 않을까 불안함을 느낀다.

이런 사람은 자신이라는 존재가 물질의 운동에 의해 생긴 것으로 생각한다. 즉, 물질의 운동이 개인으로서의 동물적 의식의 관계로 옮아가고, 동물적 의식이 합리적 의식으로 이행되며, 거기서 합리적 의식이 쇠퇴해 다시 동물적 의식으로 되돌아가고, 나중에는 동물적 의식도 쇠퇴해 생명이 없는 물질로 옮아가게 된다고 생각하는 것이다. 이런 사고방식을 가진 사람들은 세계와 자신의 합리적 의식이 갖는 관계는 우연적이고 불필요하며, 따라서 멸망해가리라고 생각한다. 그리고 세계와 자신의 동물적 의식이 갖는 관계는 소멸되는 일이 없다고 확신한다. 왜냐하면 동물적인 것은 종족 속에서 계속 이어지기 때문이다. 즉, 세계와 물질이 갖는 관계는 절대로 소멸되지 않는다는 것이다. 따라서 이러한 관점에서는 가장 귀중한 합리적 의식이 영원히 존속되지 못할 뿐 아니라 불필요한 어떤 것의 아주 작은 부분에 해당한다.

그런데 인간은 이러한 관점이 진리가 될 수 없다는 사실을 느끼고 있다. 그리고 바로 여기서 죽음의 공포가 생기는 것이다. 이 공포에서 벗어나기 위해 어떤 사람은 동물적 의식이 곧 합리적 의식이라고 자신을 납득시키려고 한다. 그럼으로써 동물적 의식이 종족이나 자손이라는 형태로 존속되면서 멸망하는 일이 없다는 것이 바로 자신 속에 깃들어 있는 합리적 의식을 멸망시키지 않으려는 욕구를 충족시킨다고 보고 있다. 또한 어떤 사람은 지금까지 존재하지 않던 생명이 육체라는 형태로 갑자기 나타났다가 육체 속에서 사라진 뒤, 다시 육체라는 형태로 되돌아와서 생존을 계속한다고 믿으려 한다.

그러나 세계와 합리적 의식이 갖는 관계 속에 생명의 바탕이 있다고 인정하지 않는 사람은 이 두 가지 경우 가운데 어느 것도 믿지 않는다. 그들도 인류의 존속이 자아를 보존하려는 욕구를 충족시킬 수 없다는 사실을 잘 알고 있다. 생명이 소생한다는 관념은 생명은 단절된다는 관념을 내포하고 있다. 이전에는 생명이 존재하지 않았다면, 즉 생명이 언제나 존재하고 있었던 것이 아니라면, 앞으로도 생명이 이대로 존속될 수 없다는 것이다. 그들의 생각에 따르면, 인생은 파도와 같다. 개체는 죽은 물질에서 생기고, 이 개체에서 파도의 장점인 합리적 의식이 생긴다. 그 정점에 도달하면 파도, 즉 합리적 의식과 개체는 처음 나왔던 곳으로 내려가 거기서 사라져버린다.

물론 여기에 해당하는 사람들도 인간의 생명은 눈에 보이는 것이라고 간주한다. 인간은 성장하고 성숙했다가 이윽고 죽어버린다. 그리고 죽으면 그 어떤 것도 존재할 수 없다. 인간이 죽은 뒤에 남기는 자손이나 사업도 그를 만족시킬 수 없다. 그는 자신을 아낀다. 그렇기 때문에 자신의 생명이 단절되는 것을 두려워한다. 그는 이 세상에서 육체로 시작했다가 이 세상에서 육체로 끝나는 자신의 생명이 다시 소생되리라고 믿지 않는다. 만일 자신이 이전에 존재하지 않았다면, 즉 자신이 무無에서 태어나 무無로 돌아간다면, 개체로서의 자신은 이미 존재하지 않으며, 또한 존재할 수 없다는 사실을 그들은 잘 알고 있다.

또한 그들은 자신이 지금도 존재하고 있고 앞으로도 존재하리라는 사실을 인식할 때 비로소 자신이 불멸의 존재라는 것을 알게 된다. 다시 말해 인간은 자신의 생명이 하나의 파도와 같은 것이 아니라 영원한 운동이라는 사실을, 그리고 이 영원한 운동이 하나의 파도가 되어 인생으로 나타난 것에 불과하다는 사실을 이해했을 때 비로소 자신이 불멸의 존재라는 것을 믿게 된다. "나는 죽을 것이고, 그럼 내 인생은 끝장날 것이다."라고 생각하면 참을 수가 없다. 자신이 비참해진다. 자신이 없어진다는 사실이 안타깝기 때문이다.

그런데 무엇이 죽는단 말인가? 일반적인 관점에서 볼 때 나란 도대체 무엇인가? 나는 무엇보다도 제일 먼저 육체다. 이것이 어떻단 말인가? 육체가 없어지는 것이 두려운가? 육체가 없어지는 것이 안타까운가? 이는 있을 수 없는 일이다. 육체, 즉 물질은 절대로 조금도 소멸되지 않는다. 그러므로 이러한 측면에서 본다면 나는 절대 상실되지 않으므로, 두려워할 이유가 없다. 그럼 당신은 육체가 소멸될까 봐 안타까운 것이 아니라고 말한다. 즉, 자기가 없어지는 것이 안타깝다고 한다. 하지만 인간은 누구나 20년 전과는 확연히 달라져 있지 않은가? 또한 날마다 달라져가고 있지 않은가?

그렇다면 무엇이 안타깝단 말인가? 그럼 당신은 자기가 없어지는 것보다 자아가 없어지는 것이 안타깝다고 말한다. 하지만 자아도 계속해서 동일한 모습으로 유지되는 것이 아니다. 자아 역시 여러 형태로 변화되어 왔다. 1년 전의 자아는 현재의 자아와 확실히 다르다. 10년 전의 자아는 더더욱 다르다. 즉, 당신이 기억하는 범위 내에서 자아는 늘 변화되어 왔다. 그런데 왜 당신은 현재의 자아에만 특별히 집착하는가? 왜 자아를 잃는 것에 대해 특히 안타까워하는가? 자아가 늘 한결같다면 문제가 되겠지만, 끊임없이 변화하고 있지 않은가? 당신은 자아가 생기는 것을 눈으로 본 적이 없다. 아니, 볼 수도 없다. 그런데 갑자기 당신은 이 자아를 소멸시키고 싶지 않다고 말한다. 그리고 당신은 지금 자신의 안에 있는 자아를 영원히 종속시키길 바란다.

당신은 철이 나면서부터 오늘날까지 쭉 이 세상에서 살아왔다. 당신은 영문도 모른 채 이 세상에 태어난 것이다. 그래도 당신은 현재의 자아를 이루고 있는 원초적인 자아의 존재를 지니고 이 세상에 태어났다는 사실은 알고 있다. 그 후로 당신은 줄곧 인생을 걸어왔다. 그리고 반쯤 왔을 때 한편으로는 기쁘기도 하고, 한편으로는 두렵기

무엇을 두려워하는가?

·

도 한 기분이 든 당신은 걸음을 딱 멈춘 채 저 앞에 무엇이 있는지 보이지 않는다며 한 발짝도 내디디려 하지 않는다. 하지만 당신은 이 세상에 태어나기 전에 있었던 곳도 못 보지 않았는가? 그런데도 당신은 이 세상에 태어났다. 당신은 지금 입구로 들어와서 출구로 나가려고 하지 않는 것이다.

지금까지의 생활은 육체의 생존을 지속하는 것이었다. 당신은 인생을 급히 걸어왔다. 그런데 지금까지 당신이 끊임없이 해온 일이 완성된다고 하니 갑자기 아깝다는 생각을 하게 되었다. 당신은 육체의 죽음과 동시에 당신에게 큰 변화가 일어날 것이라는 점에 두려움을 느낀다. 그런데 이러한 큰 변화는 당신이 이 세상에 태어났을 때도 당신의 몸에서 똑같이 일어나지 않았는가? 하지만 그것은 당신의 몸에 조금도 해롭지 않았다. 오히려 좋은 결과를 가져왔다. 당신이 지금 그것과 헤어지고 싶어 하지 않을 정도로 좋은 결과를 말이다.

무엇을 두려워한단 말인가? 당신은 현재의 감정, 사상, 세계관을 가진 자신이, 즉 현재 세계와 관계를 맺고 있는 자신이 없어지게 된다는 점을 애석해한다. 당신은 세계와 자신이 맺고 있는 관계가 상실될까봐 두려워하고 있는 것이다. 그렇다면 이 관계는 무엇일까? 그리고 어떻게 성립되었을까?

관계라는 것이 먹고 마시고, 자식을 낳고, 집을 짓고, 옷을 입는 것과 같은 일이라면, 즉 나와 다른 사람 및 동물에 대한 관계라면 결국 인간이 모든 생활에서 맺는 것이 관계가 된다. 그리고 이 관계는 절대로 없어지지 않는다. 이러한 관계를 가진 인간은 지금까지 무수히 존재해왔고, 앞으로도 무수히 존재할 것이다. 그리고 인간이라는 종족은 물질의 입자처럼 분명히 존속해나갈 것이다. 종족 보존의 본능은 모든 동물에게 갖춰져 있는 만큼 이 문제에 대해서는 걱정할 필요가 전혀 없다. 따라서 당신도 전혀 걱정할 필요가 없으며, 만일 당신이 물질이라면 당신의 불사는 더욱 보장된 셈이다.

만일 당신이 동물적인 것이 아닌 다른 무엇이 상실될까봐 두렵다고 말한다면, 당신은 지금 세계와 자신이 맺고 있는 특수한 합리적 관계, 즉 당신이 이 세상에 태어날 때 몸에 지니고 있던 관계를 상실할까봐 두려워하는 것이다. 하지만 당신은 이러한 관계가 당신의 탄생과 동시에 생겨난 것이 아니라는 사실을 잘 알고 있지 않은가? 그것은 당신의 동물적 요소와는 전혀 관계없이 존재하는 것이다. 따라서 이러한 관계는 당신의 동물적 죽음에 의해 변화되는 일이 전혀 없다.

인간은 죽는 것이 자연스럽다

LEV NIKOLAYEVICH TOLSTOI

육체가 사라진 뒤에 자신은 어떻게 될 것인지 알 수 없다고 해서 한탄하는 것은
자기 시야 밖에 있는 것을 볼 수 없다고 한탄하는 것과 같다.
동물적 행복을 얻는 데 가장 중요한 것은, 우선 자기 주위에 있는 것을
볼 수 있어야 한다는 점이다.

나는 나의 생활과 다른 모든 사람들의 생활을 다음과 같이 생각하고
있다. 즉, 나를 포함한 우리 모두는 이 세계에서 어떤 일정한 관계와
어느 정도의 사랑을 지니고 있는 자신을 보게 된다. 처음 우리는 세
계와 자신이 맺은 관계에서 생활이 비롯된다고 생각하지만, 나와 남
의 생활을 잘 관찰해보면 세계와의 관계는 생활과 함께 생긴 것이 아
니라 우리 육체의 탄생과 더불어 눈에 보이지 않는 과거로부터 이 생
활로 우리가 가져온 것이라는 사실을 알 수 있다. 뿐만 아니라 우리
는 세상에서의 생활 흐름은 결국 사랑의 끊임없는 확대와 증강이며,
이는 육체의 죽음에 의해 중단되지 않고, 단지 우리의 눈에 보이지

않게 될 뿐이라는 사실을 알게 된다.

우리 눈에 보이는 생활은 그 꼭대기와 밑변이 마음의 눈으로 볼 수 없는 원추圓錐의 단면과도 같다. 원추의 가장 좁은 부분이 내가 처음으로 자신을 의식했을 때, 즉 내가 세계와 맺고 있던 관계다. 원추의 가장 넓은 부분은 내가 지금의 세계와 맺은 최초의 관계다. 그리고 원추의 정점은 내가 이 세상에 태어났을 때부터 이미 눈에 보이지 않게 되어 있었다. 원추의 밑변 역시 나의 눈에는 보이지 않는다. 이는 마치 나의 육체가 생존해 있는 동안이나 죽은 후에도 여전히 나의 눈에 보이지 않는 미래의 생활과 같다. 나는 비록 원추의 꼭대기와 밑변을 볼 수 없지만, 현재 내 눈에 보이는 부분에 의해서, 즉 내가 기억하고 있는 부분에 의해서 지금까지 나의 생활을 이어나갈 수 있었으며, 또한 원추의 특징을 분명히 인식할 수 있었다.

처음에 나는 상하 부분이 잘린 원추의 단면을 인생의 전부라고 생각했다. 하지만 내가 참된 생활의 의의를 깨닫게 됨에 따라 내 생명의 바탕을 이루고 있는 것은 현재 생활밖에 없다는 사실을 깨닫게 되었다. 다시 말해, 이러한 생활을 깨닫게 된 순간부터 나는 눈에 보이지 않는 과거와 현재가 긴밀하게 연결되어 있다는 사실을 한층 더 생생히 느끼게 되었다. 그다음, 나는 현재 생활의 바탕을 이루고 있는 것이 눈에 보이지 않는 미래로 확대되어가고 있다는 사실을 한층 더 분명하게 실감하게 되었다. 따라서 나는 눈에 보이는 생활, 즉 현재 이 세상에서의 나의 생명은 전체 생명의 극히 작은 한 부분에 해당하고, 그 양쪽 끝, 즉 이 세상에 태어나기 전의 생명과 죽은 후의 생명은 의심할 나위 없이 존재하며, 단지 내 눈으로 볼 수 없을 뿐이라는 결론을 내릴 수 있다.

육체가 사라지면 눈으로 볼 수 있는 형태의 생명은 단절된다거나 또는 탄생 이전의 생명이 눈에 보이지 않는다는 사실이, 출생 이전과 사후 생명의 존재에 대한 나의 확신을 꺾을 수는 없다. 나는 이 세상에 태어날 때 이미 외부 세계에 대한 일정한 사랑을 선천적으로 몸에 지니고 있었다. 그리고 나의 육체적 생존은 이 선천적 사랑을 점점 더 확대하고 강화하는 데 그친다. 따라서 나는 내가 탄생하기 전뿐 아니라, 이런 생각을 하면서 존재하는 현재가 지난 뒤에도, 그리고 나의 육체가 사라지기 직전이나 직후에도 계속해서 생존할 것이라는 결론을 분명히 내릴 수 있다.

다른 사람의 육체적 생존의 시작과 끝을 관찰해보면, 생존해 있는 시간이 긴 사람과 짧은 사람이 있다. 일찌감치 이 세상에 태어나 무척 오랫동안 생존해 있는 사람이 있는가 하면, 훨씬 뒤늦게 태어나 급속히 내 눈앞에서 사라진 사람도 있다. 그러나 나는 어떤 사람이든 모든 인간의 참된 생명에서 공통된 법칙, 즉 생명의 빛이 확대되는 것처럼 사랑의 모습이 널리 퍼지는 것을 목격했다.

인간의 생명은 어느 누구에게라도 처음과 끝이 없다. 내 눈에 보이는 생존의 조건 하에서 그 사람이 오래 살았느니 일찍 태어났느니 하는 것은 인간의 참된 생명에 미뤄본다면 아무런 차이가 없다. 한 사

람은 내 눈앞을 서서히 지나가고, 또 한 사람은 재빨리 지나갔다고
해서 전자의 참된 생명이 더 길고, 후자의 참된 생명이 더 짧다고는
할 수 없다. 창밖을 지나가는 사람이 빨리 지나가든 천천히 지나가든,
그는 내가 그를 보기 이전에도 존재했으며, 내 눈앞에서 사라진 뒤에
도 존재할 것임을 나는 잘 알고 있다.

그런데 왜 어떤 사람은 빨리 지나가고 또 어떤 사람은 천천히 지나
가는 것일까? 왜 이미 생명의 법칙을 수행할 수 없는, 즉 사랑을 확대
하거나 강화할 수 없을 정도로 정신적으로 쇠퇴한 노인은 살아남고,
아이들이나 젊은이같이 정신적으로 발랄한 사람들이 일찍 죽어버리
는 것일까? 왜 세계와의 올바른 관계를 자기 자신 속에 방금 확립했
다고 생각되는 사람이 육체적 생존의 조건에서 재빨리 사라지는 것
일까?

하지만 이러한 의문은 단지 우리의 생각일 뿐이다. 다른 사람이 태
어날 때부터 갖고 있던 생명의 도태나 다른 사람 속에서 이루어지는
생명의 활동에 대해, 그리고 그 사람 속에서 생명의 활동을 방해하는
것, 특히 우리의 눈에는 보이지 않는 그 사람의 다른 조건, 다시 말해
그 사람의 생활을 다른 형태로 이루는 조건에 대해 우리는 전혀 모르
고 있다.

대장장이가 일하는 모습을 보면, 우리는 한 개의 편자가 거의 완성
되어가므로 한두 번 더 두드리기만 하면 끝날 것이라고 생각하지만,
그 대장장이는 그것이 충분히 달궈지지 않았다는 이유로 그냥 불 속

으로 던져버린다.

우리는 어떤 사람의 내부에 참된 생활의 과업이 완성되어 있는지 여부를 알 수 없다. 우리가 알 수 있는 것은 단지 자신에 대해서뿐이다. 우리는 가끔 어떤 사람은 죽을 때가 아닌데 죽었다고 생각하지만, 그런 일은 있을 수 없다. 사람이 죽는 이유는 그것이 그의 행복을 위해서 반드시 필요하기 때문이다. 이는 마치 인간이 성장해 어른이 되는 것은 그의 행복을 위해 반드시 필요한 것과 마찬가지다.

사실 인생이라는 말이 참된 인생 자체를 의미한다면, 즉 참된 인생이 모든 것의 바탕이 된다면 이 바탕은 바탕 자체가 만들어내는 것에 종속되는 일이 있을 수 없다. 이는 원인이 결과에서 비롯될 수 없는 것과 같은 이치다. 즉, 참된 생활의 흐름은 생활 현상의 변화로 인해 침해받는 일이 전혀 없다. 이 세상에서 시작되긴 했지만, 아직 끝나지 않은 인간 생활의 운동은 어떤 동기가 생기거나 박테리아가 달라붙거나 피스톨로 쏘았다고 해서 중단되는 일이 있을 수 없는 것이다.

인간이 죽는 것은 이 세상에서 참된 생활의 행복이 더 이상 증대될 수 없기 때문이지, 결코 그가 폐렴을 앓거나 암에 걸리거나 자살하거나 폭탄에 맞아 죽었기 때문이 아니다. 우리는 흔히 육체적 생존을 계속하는 것이 자연스러운 일이며, 불·물·추위·벼락·질병·권총·폭탄 등에 의해 죽는 것이 부자연스러운 일이라고 생각한다.

그러나 인간의 생활을 냉정히 관찰하고 깊이 생각해보면 이와는 정반대임을 알 수 있다. 곳곳에 우글대는 매우 해로운 박테리아들에 의해 포위당한 치명적인 조건 하에서 육체적 생활을 무사히 누린다는 것이 오히려 부자연스러운 일이 아닌가! 인간은 죽는 것이 자연스럽다. 따라서 인간을 파멸로 몰아넣지 않고는 못 배길 이러한 악조건에 포위된 채 육체적 생존을 계속해나간다는 것이 물질적 의미에서는 매우 부자연스러울 수밖에 없다. 만일 우리가 지금도 살아가고 있다면, 이는 우리가 자신을 보호하고 있기 때문이 아니라 이 모든 악조건을 종속시켜나가는 생활을 누리기 위해서다. 즉, 우리가 살아 있다는 것은 자신을 그만큼 소중히 여기기 때문이 아니라, 우리가 인생의 과업을 이루고 있기 때문이다. 이 인생의 과업이 끝나면 무엇으로도 인간의 동물적 생활의 파멸을 막을 수가 없다. 즉, 이 파멸은 이루어지고야 만다. 그리고 우리는 언제나 인간을 포위하고 있는 육체적 소멸의 원인 가운데 가장 뚜렷한 원인을 육체가 사라진 원인이라고 생각한다.

참된 생활은 존재한다. 우리는 참된 생활을 알고 있다. 그리고 우리는 참된 생활에 의해서만 동물적 생활을 알게 된다. 그런데 이 생활의 유사물類似物이 불변이라는 법칙을 따른다면, 어떻게 그 유사물을 낳는 참된 생명이 참된 법칙을 따르지 않을 수 있겠는가?

하지만 우리는 외면적 현상에 나타나는 원인이나 결과를 보는 것처럼 참된 생명의 원인과 결과를 볼 수 없다. 즉, 어떻게 인간은 세상에 태어날 때 이미 각자 독특한 개성을 갖고 있는지, 또한 왜 갑자기 생존이 중단된 사람도 있고 그대로 계속되는 사람도 있는지를 우리는 알 수 없다. 이때 우리는 머릿속에서 혼란을 느낀다. 그래서 우리는 스스로에게 "현재 여기에 존재하는 자신과 같은 사람이 이 세상에 태어나기 위해서는 어떤 원인이 존재하는가, 또한 우리가 이런 생활을 끝내고 죽은 뒤에는 어떤 결과가 나타날 것인가?"라고 묻는다.

우리는 이러한 의문에 대한 해답을 얻을 수 없다는 사실을 한심스럽게 생각한다. 그러나 자신의 육체가 이 세상에 태어나기 전에 자신은 어떤 존재였는지, 또한 육체가 사라진 뒤에 자신은 어떻게 될 것인지 알 수 없다고 해서 한탄하는 것은 자기 시야 밖에 있는 것을 볼 수 없다고 한탄하는 것과 같다. 만일 우리가 시야 밖에 있는 사물을 볼 수 있다면, 우리는 시야 안에 있는 사물을 볼 수 없을 것이다. 동물적 행복을 얻는 데 가장 필요하고 중요한 것은, 우선 자기 주위에 있는 것을 볼 수 있어야 한다는 점이다.

사물을 인식하는 수단인 이성도 마찬가지다. 만일 내가 이성의 한계 밖에 놓인 사물을 볼 수 있다면, 나는 이성의 범위 안에 있는 사물은 볼 수 없을 것이다. 그런데 참된 생활의 행복을 위해서는 인생의 행복을 달성하는 수단으로써 지금 여기에서 자신의 동물적 자아를 어디에 종속시켜야 할지를 아는 일이 무엇보다도 필요하다. 그리고 이성은 나에게 이러한 것을 계시해준다. 즉, 이런 생활을 누리기 위한 유일한 길, 즉 그 길만을 더듬어간다면 자신의 행복은 결코 중단되지 않는 길을 가르쳐주고 있다.

이성은 지금의 생활이 육체의 탄생과 함께 시작된 것이 아니라, 그 이전에도 존재했고 앞으로도 영원히 존재한다는 사실을 우리에게 분명히 보여주고 있다. 그리고 이성은, 인생의 행복이 끊임없이 증대되어 결국 더 이상 증대될 수 없게 되었을 때 행복의 증대를 가로막고 있는 조건에서 벗어나 다른 형태를 취하게 된다는 사실을 보여주고 있다.

이성은 사람을 인생의 유일한 길로 인도한다. 이 길은 사방으로 둘러싼 벽 속의 원추형 터널처럼, 우리 자신이 지향하고 있는 저 멀리로 무한한 생명과 행복의 계시를 넓게 펴보이게 한다.

누구나 고통 속에서 성장한다

LEV NIKOLAYEVICH TOLSTOI

인간은 삶의 대부분을 고통 속에서 보내게 마련이다. 하지만
사람들은 고통을 못 견딜 것으로 여기지 않으며
심지어 행복하다고 생각하기도 한다. 이는 사람들이 고통을,
사랑하는 사람들의 고통을 덜어주는 수단으로 생각하기 때문에 가능하다.

사람이 죽음을 두려워하지 않는다거나 죽음에 대해 생각하지 않고 살아갈 수 있다고 해도, 우리가 결코 피해갈 수 없는 두렵고 목적 없는 고통은 우리가 인간으로 태어났기 때문에 어쩔 수 없이 짊어진 모든 합리적 의의를 파괴해버리기에 충분하다.

예를 들어, 다른 사람을 위해 선한 일을 하는 사람이 어느 날 갑자기 병으로 인해 그 일을 할 수 없어 괴로움을 당하거나, 또는 철로의 나사못이 녹슬어 망가진 날에 때마침 그곳을 지나가는 기차를 탄 착한 부인의 눈앞에서 공교롭게도 그녀의 아이가 깔려 죽는다거나, 또는 지진으로 땅이 무너져서 아무런 죄도 없는 많은 사람들이 땅속에

생매장되어 지독한 고통을 당하며 죽어간다면, 이러한 사실은 어떤 의미를 갖는 것인가? 왜 이처럼 무서운 고통이 끊임없이 인간에게 닥쳐온단 말인가?

이런 사실들은 말로는 설명할 수가 없다. 설령 말로 설명한다고 해도 문제의 핵심에 이르지 못한 채 다만 설명할 수 없다는 점을 명시할 뿐이다. 내가 병에 걸린 것은 어떤 병균이 내 몸에 침투했기 때문이다. 어린아이가 어머니의 눈앞에서 기차에 깔려죽은 것은 철로의 쇠에 이러저러한 작용이 가해졌기 때문이다. 지진으로 땅이 함몰된 것은 이러저러한 지질학적 법칙이 작용했기 때문이다. 그러나 문제는 왜 하필 이 사람들이 그런 무서운 고통을 당해야 하며, 어떻게 하면 사람들이 이런 고통에서 벗어날 수 있는지 하는 점이 아닐까?

이 의문에 대한 해답을 이론에서만 찾는 것은 불가능하다. 아니, 이론에서만 찾는다면 다음과 같은 결론이 나오게 마련이다. 즉, 인생의 재난에 부딪히는 사람과 부딪히지 않는 사람이 있는 것은, 어떤 법칙이 있어서 그 법칙에 따라 그러한 결과가 나왔기 때문이 아니다. 아니, 그렇게 될 수도 없다. 세상에서 재난은 수없이 일어나고 있으며, 따라서 내가 아무리 버둥거려도 내 인생은 고통으로 충만한 무서운 재난의 위협을 늘 받을 수밖에 없는 것이다.

만일 사람들이 자신이 갖고 있는 세계관에서 필연적으로 나오게 마련인 결론만을 실행해나간다면, 자신의 인생을 개체의 생존으로 간주하는 사람들은 단 몇 분 동안이라도 조용히 살아갈 수 없을 것이다. 즉, 고용주는 자신의 마음대로 언제나 고용인에게 호통을 쳐도 상관없게 된다. 알몸을 부지깽이로 지지건, 가죽을 벗겨버리건, 다리를 부러뜨려놓건 자기 마음이라고 말한다면, 이 고용주 밑에서 일할 사람은 단 한 명도 없을 것이다. 그리고 만일 사람들이 실제로 인생을 자신이 말하는 인생관대로 해석한다면 언제 자신에게 닥쳐올지 모르는 참혹한 여러 가지 고통에 대한 두려움만으로도 어느 누구도 이 세상을 조용히 살아갈 수 없을 것이다.

하지만 사람들은 모두 이런 가혹하고 무의미한 고통에 가득 찬 인생에서 벗어나는 방법, 예를 들어 손쉬운 자살 방법 등을 잘 알고 있으면서도, 불평불만만 토로할 뿐 계속해서 살아나가고 있다. 사람들이 고통을 당하면서도 여전히 살아가고 있는 이유가 인생에 고통보다 쾌락이 많기 때문이라고 말할 수는 없다. 왜냐하면 그것은 첫째, 인생을 단순히 알거나 철학적으로 생각해봐도 이 세상에서 살아간다는 것은 쾌락으로는 도저히 보충할 수 없는 고통의 연속이기 때문이며 둘째, 인간은 육체가 사라질 때까지 가벼워지거나 줄어들 가능성보다 계속해서 늘어갈 가능성이 높은 고통을 당하면서도 자살하지 않고 인생에 매달려 있다는 사실을 주변 사람들만 봐도 쉽게 알 수 있기 때문이다.

인간이 고난을 당하면서도 계속해서 살아가고 있다는 기묘한 모순에 대해서는 다음과 같이 설명할 수밖에 없다. 인간은 누구나 마음속으로는 모든 고통이 자신의 행복을 위해 늘 필요하다는 사실을 알고 있다. 그러므로 인간은 누구나 고통을 당한다는 사실을 미리 알고 있는 만큼 실제로 고통을 당해도 계속해서 살아갈 수 있는 것이다. 사람들이 고통을 잠자코 받아들일 수 없는 이유는 개인적 행복을 추구하려는 그릇된 인생관으로 인해 절대로 자신의 행복을 파괴할 수 없다고 생각하기 때문이다. 이런 이유로 사람들은 인생의 고통을 두려워하며, 고통에 부딪히는 순간 마치 전혀 생각지도 못했다는 듯이 깜짝 놀란다.

인간은 누구나 고통 속에서 성장한다. 인간의 일생은 고난의 연속이며, 인간은 고통을 당하면서 또는 남에게 고통을 주면서 살아가게 마련이다. 그렇다면 인간은 고통을 엄숙히 받아들여야 할 뿐 아니라, 새삼스레 두려워한다거나 왜 자신이 고통을 당해야 하느냐고 자문하지 않아도 될 듯하다. 인간은 누구나 자신의 쾌락을 남의 고통에서 얻게 되며, 자신의 고통은 자신의 쾌락을 위해 필요하고, 고통 없이는 쾌락도 없으며, 고통과 쾌락은 서로 없어서는 안 되는 두 개의 대조적인 조건이라는 사실을 알 수 있을 것이다.

그렇다면 이성적 사람들이 스스로에게 던지는 "고통은 왜 있는 것인가?"라는 질문은 무슨 의미일까? 고통은 쾌락과 결부되어 있다는 사실을 아는 사람이 고통은 왜 있는지에 대해서는 자문하면서도 쾌락은 왜 있는지에 대해서는 어째서 자문하지 않는단 말인가? 동물과 동물로서의 인간의 생활은 끊임없는 고통의 연속이다. 동물의 활동과 동물로서의 인간의 활동은 모두 고통에 의해서만 일어나게 마련이다. 고통은 병적인 감각이긴 하지만, 괴로운 감각을 제거하고 쾌락을 불러일으키는 구실을 한다. 그리고 동물의 생활과 동물로서의 인간의 생활은 오직 고통에 의해 손상될 뿐 아니라 고통에 의해서만 완성된다. 즉, 고통은 생활의 움직이는 본체本體인 만큼 절대로 없어서는 안 되는 것이다. 왜 고통이 있느냐고 묻는 사람은 도대체 무엇을 알고 싶은 것일까? 동물은 이런 질문을 절대로 하지 않는다.

굶주린 농어가 잉어를 괴롭히고, 거미가 나비를 괴롭히며, 늑대가 양을 괴롭힐 때 괴롭히는 당사자들은 자신이 그렇게 할 수밖에 없다는 사실을 알고 있다. 이와 반대로 농어, 거미, 늑대 등이 자신보다 더 강한 존재에게 그런 고통을 당하게 될 때 그들은 도망치거나 몸부림치면서도 역시 자신은 그렇게 할 수밖에 없다는 사실을 알고 있다. 즉, 그들은 자신에게 현재 일어나는 일을 당연하게 받아들이며 전혀 의심하지 않는다.

그러나 다른 사람의 다리를 자른 전투에서 자신의 다리가 잘려 치료에 정신없는 사람, 자신이 직접적이든 간접적이든 다른 사람을 독방에 처넣고 있으면서도 정작 자신이 독방에 감금될 처지에 놓인 경우에는 그 전에 되도록 즐거운 시간을 보내려고 애쓰는 사람, 수천 년이라는 긴 세월 동안 동물을 잡아먹고 있으면서도 자신을 물어뜯으려는 늑대를 물리치거나 몸을 피하려고 애쓰는 사람 등은 자신이 이러한 고통에 빠지게 된 이유가 자신이 마땅히 해야 할 일을 하지 않았기 때문이라는 점을 인정하지 않는다. 그런데 늑대에게 잡아먹

누구나 고통 속에서 성장한다

힐 상황에 놓인 인간이라면, 이 경우 늑대로부터 몸을 피해 자기 자신을 지키는 도리밖에는 없지 않은가? 그러나 인간은 이성적 존재로서 마땅히 해야 할 일을 해야 한다. 즉, 고통을 불러온 자신의 죄를 인정하고, 이를 참회하며 진리를 인식하지 않으면 안 된다.

동물은 단지 현재에서만 괴로워한다. 따라서 동물에게 있어서 고통에 의해 유발된 활동은 현재의 자신에 대한 것만으로 충분하다. 반면, 인간은 현재뿐 아니라 과거와 미래에 대해서도 괴로워한다. 따라서 인간의 경우에는 고통으로 인해 생긴 활동이 현재의 자신에 대한 것만으로는 충분하지가 않다. 고통, 원인, 결과에 대한 활동, 즉 과거와 미래에 대한 활동만이 괴로움에 빠진 인간을 만족시키는 것이다. 예를 들어, 동물은 우리에 갇히면 그곳에서 도망치려고 애쓴다. 또 발을 삐면 아픈 곳을 혀로 핥고, 다른 동물에게 잡아먹힐 상황에 놓이면 애써서 도망치려고 한다. 즉, 동물은 생활의 법칙이 외적 원인에 의해 침해되면 이를 회복하는 데 자신의 활동을 집중한다. 그런 만큼 마땅히 행해져야 할 일들만 벌어진다.

그러나 인간은 감옥에 갇히거나, 전쟁터에서 다리를 잃거나, 늑대에게 잡아먹힐 상황에 놓였을 경우에도 감옥에서 도주하거나 다리를 치료하거나 늑대로부터 도망치는 활동만으로 만족하지 못한다. 왜냐하면 감옥에 갇히거나, 다리를 잃거나, 늑대에게 뜯기는 것은 고통의 극히 작은 부분에 지나지 않기 때문이다. 우리는 이 고통의 원인을 과거에 있다고 생각한다. 그러므로 만일 나의 활동이 고통의 원인인 죄와 관련한 것이 아니라면, 즉 내가 그 죄에서 벗어나려고 노력하지 않는다면, 나는 마땅히 해야 할 일을 하지 않는 것이 된다. 이런 사람은 자신에게 고통 같은 것이 있을 리 없다고 생각한다. 그래서 어느 순간 고통은 현실에서만이 아니라 나아가서는 상상 속에서도 살아갈 힘을 빼앗아버릴 정도의 엄청난 양으로 증대되고 만다.

동물의 고통은 동물적 생활의 법칙이 침범받는 데서 발생한다. 동물적 생활 법칙의 침범은 고통의 의식이라는 형태로 나타난다. 그리고 이 동물적 생활의 법칙이 파손되는 데서 일어나는 활동은 이 고통을 제거하는 일에 집중된다. 반면, 이성적 존재로서의 인간의 고통은 이성적 생활의 법칙이 파손되는 데서 발생한다. 이성적 생활의 법칙이 파손된다는 것은 죄의 의식이라는 형태로 나타난다. 그리고 이성적 생활 법칙의 파손으로 말미암아 일어나는 활동은 죄를 제거하는 일에 집중된다. 다시 말해 동물의 경우에는 고통이 아픔에 집중되는 활동을 불러일으키고, 이 활동이 고통을 제거한다. 이에 비해 이성적 존재인 인간의 경우에는 고통이 인간의 죄에 대한 활동을 불러일으키고, 이 활동이 고통을 제거한다.

고통을 당하거나 이를 상상할 때 "왜 고통이 생기는 것인가?"라는 의문이 생기는 이유는 고통에 의해 자신에게 당연히 일어날 법한 활동, 즉 고통을 제거하기 위한 활동을 스스로 인식하지 못하고 있기 때문이다. 그리고 동물적 생존을 자신의 인생으로 간주하는 사람들에게는 이러한 활동이 일어날 수 없다. 즉, 인간이 갖고 있는 인생관이 동물적 생존을 지향할수록 이러한 활동은 더더욱 일어나지 않는 법이다.

개체의 생존을 인생이라고 간주하는 사람도, 자신이 당하고 있는 고통의 원인을 자신의 죄에 있다고 생각할 경우, 예를 들어 자신이 병에 걸린 이유는 나쁜 음식을 먹었기 때문이고, 얻어맞은 이유는 싸움을 걸었기 때문이며, 먹고 입을 만한 것이 없는 이유는 일하지 않았기 때문이라는 점을 이해할 경우, 그는 자신이 해서는 안 되는 일을 했기 때문에 괴로움을 당한다는 사실을 아는 것이다. 따라서 그는 앞으로 또 이런 고통을 당하지 않기 위해 죄를 뉘우치는 일에 활동을 집중한 채 고통을 거역하지 않고 순순히, 때로는 기꺼이 참아나간다.

하지만 이런 사람이라도 자신의 죄와 고통의 관계가 눈에 보이지 않는다면, 자신의 행위와는 전혀 관련 없는 고통의 원인에 시달리거나, 또는 고통의 결과가 자신이나 주변 사람들에게 아무런 의미가 없을 때 터무니없는 재앙을 당한 것처럼 생각한다. 그럼 그도 "왜 내가 이런 고통을 당해야 하지?"라는 의문을 가지게 된다. 그러면서 자신의 활동을 집중시킬 목표를 발견하지 못했기 때문에 고통을 순순히 받아들이려고 하지 않는다. 그럼 그의 고통은 점점 더 심해질 수밖에 없다.

인간의 고통은 원인이나 결과, 또는 이 양자가 시간과 공간에 숨어 있는 경우가 많다. 예를 들어 유전병, 재해, 흉작, 기차 전복, 화재, 지진 등이 수많은 인간을 죽음으로 끌고 가고 있다. 하지만 이런 고난은 후세 사람들에게 자손에게 나쁜 병을 물려주는 정욕에 매여서는 안 된다거나, 좀 더 견고한 기차를 만들어야 한다거나, 불조심을 좀 더 해야 한다는 등의 교훈을 주기 위해 필요하다는 해명을 나로서는 이해할 수가 없다. 나는 내 인생의 의의를 다른 사람의 과실을 예방하기 위한 예증으로써 이용할 생각이 전혀 없다. 내 인생은 행복해지려는 욕구를 지닌 나 자신의 인생이며, 남의 인생을 위한 예증이 결코 아니다. 따라서 이러한 해명은 이야깃거리는 될 수 있지만, 나를 위협하고 나의 생명을 앗아갈 수 있는 고난에 대한 공포를 덜어주지는 못한다.

그러나 자신의 죄가 다른 사람의 고통의 원인이 되고, 다른 사람의 죄가 내 고통의 원인이 된다는 점을 이해한다고 해도, 또한 모든 고통은 인생을 살면서 보상해야 할 죄를 표시한다는 점을 어렴풋이나마 이해한다고 해도, 여전히 무수히 많은 고난이 완전히 설명되지 않은 채 그대로 남아 있다. 즉, 어떤 사람이 숲속에서 늑대에게 잡아먹히거나, 어떤 사람이 홀로 물에 빠져 죽거나, 얼어 죽거나, 불타 죽거나, 병들어 죽는 일 등은 얼마든지 있을 수 있다. 그렇다면 이런 일들은 과연 누구에게 어떤 이익을 가져다줄 수 있단 말인가? 자신의 인생을 동물적 생존으로만 생각하는 사람은 이러한 고통에 대해 아무런 해명도 하지 않고 있으며, 또 할 수도 없다. 눈에 보이는 형상 속에서만 고통과 죄의 관계를 파악할 수 있기 때문이다. 더구나 그의 눈에는 임종의 고통에서 오는 상호관계가 전혀 보이지 않을 것이다.

인간은 다음 두 가지 가운데 하나를 선택해야 한다.

첫째, 자신에게 닥친 고난과 생활의 상관관계를 인정하지 않고 자신이 당하는 고통의 대부분을 아무 의미도 없는 괴로움이라고 생각하며 견뎌나간다.

둘째, 인생에 대한 자신의 그릇된 생각과 죄가 모든 고통의 원인이라는 점을 인정하고, 고통이 자신의 죄와 남의 죄에 대한 보상이라고 생각한다. 다시 말해, 고통에 대한 견해는 두 가지가 있을 수 있다. 하나는 고통에 대한 외면적 의의를 인정할 수 없다는 견지에서, 고통은 본래 있어야 하는 것이 아니라는 견해다. 다른 하나는 진실한 생활을 누려나가기 위한 고통의 내면적 의의를 인정하고, 고통은 본래 없어서는 안 된다고 보는 견해다. 전자는 동물적 개인의 행복을 진실한 행복으로 생각하는 데서 생겨난 견해다. 후자는 남의 행복과 불가분의 관계가 있는 자신의 삶(과거의 세계와 미래의 세계에 걸친 전체 삶)의 행복을 참된 행복이라고 생각하는 데서 생겨난 견해다. 처음 견해에 의하면, 고통은 아무런 의미도 갖지 못하고 끊임없이 증대되어, 나중에는 걷잡을 수 없는 절망과 증오 이외에는 아무런 활동도 일으키지 않게 된다. 후자의 견해에 의하면, 고통은 참된 생명의 활동, 즉 죄의식, 죄로부터의 해방, 이성의 법칙에의 종속 등을 가져온다.

인간에게 이성이 없다고 해도 어쨌든 인간은 고통의 쓰라림을 느낀다. 즉, 인간의 삶은 개체의 생존 속에만 있는 것이 아니며, 개체의 생존은 인간의 삶 가운데서 눈에 보이는 일부분에 불과하다. 또한 개체의 생존 속에 나타나는 눈에 보이는 외면적 인과관계는 자신의 합리적 의식에 의해 파악되는 내면적 인과관계와는 합치되지 않는다. 동물은 죄와 고통의 상호관계를 시간과 공간의 조건 하에서만, 즉 눈에 보이는 형태로만 파악하지만, 인간은 그 상호관계를 시간과 공간의 조건에 매이지 않은 채 자기의식 속에서 파악한다. 다시 말해, 인간은 모든 고통을 자신의 죄로 인식하고, 이 죄를 회개하는 일이 고통에서 벗어나 행복에 이르는 유일한 길이라는 사실을 인식하고 있는 것이다.

인간의 전 생애는 이미 어린 시절부터 고통을 통해 죄를 의식하고, 죄에서 자신을 해방하는 것으로부터 시작된다. 나는, 인간이 진리에 대한 일정한 지식을 갖고 세상에 태어났다는 사실과, 내 속에 죄가 쌓이면 쌓일수록 나와 다른 사람들의 고통은 더욱 커진다는 사실, 그리고 내가 죄에서 해방될수록 나와 다른 사람들의 고통은 줄어들고 나의 행복은 커진다는 사실, 또한 내가 이 세상을 떠날 때, 내가 갖고 있는 진리에 대한 지식(임종의 마지막 고통을 통해 획득하는 지식이라도 좋다) 이 크면 클수록 나의 행복은 커진다는 사실을 잘 알고 있다. 고통을 참지 못하는 사람은 자신을 세계 및 인류 전체의 삶으로부터 따로 떼어내 세계에 고통을 가져온 자신의 죄를 인정하지 않은 채 자신은 죄가 전혀 없다고 생각한다. 즉, 세계 및 인류의 죄 때문에 자신이 고통을 당한다고 생각하므로 그 고통에 늘 대항하는 것이다.

참으로 놀라운 일은, 이성이 분명히 가리키고 있는 것을 생명의 참된 활동인 사랑이 긍정하고 있다는 점이다. 이성은, 자신의 죄와 고통 그리고 세계의 죄와 고통 사이에 상호관계가 있다는 점을 인정하는 사람은 고통으로부터 해방된 상태라고 말한다. 그리고 사랑이 실제로 이것을 입증하고 있다. 인간은 삶의 대부분을 고통 속에서 보내게 마련이다. 하지만 사람들은 고통을 못 견딜 것으로 여기지 않으며 별로 염두에 두지도 않는다. 심지어 행복하다고 생각하기도 한다. 이는 고통을 사람들이 죄의 결과로, 또는 사랑하는 사람들의 고통을 덜어주는 수단으로 생각하기 때문에 가능하다. 그러므로 사랑이 적은 사람일수록 고통을 견딜 수 없다고 생각하고, 사랑이 큰 사람일수록 고통을 대수롭지 않게 생각한다. 인간의 활동이 대부분 사랑에서 비롯되는 이성적 생활에서는 고통은 참을 만한 것이다. 그리고 고통의 쓰라림은 세계의 생활과 인간의 생활을 연결하는 조상·자손·동시대의 사람 등이 가진 사랑의 밧줄을 끊으려는 시도에서만 느껴지는 것이다.

고통과 죄

LEV NIKOLAYEVICH TOLSTOI

인간이면서도 짐승처럼 타락할 때 우리는 비로소 죽음과 고통을 보게 된다.
자신의 법칙에 따라서 살고 있는 사람에게는
결코 죽음이나 고통이 있을 리 없다.

사람들은 "아무래도 괴롭다. 육체적으로 고통스럽다. 이 고통은 무
엇 때문에 생기는 것일까?"라고 묻는다. 그럼 우리에게 고통을 준 사
람은 "그것은 우리에게 필요할 뿐 아니라, 고통스러운 일이 없다면
우리는 살아나갈 수 없기 때문이다."라고 대답할 것이다. 그는 될 수
있는 한 고통은 적게 하고, 고통에서 생기는 행복은 크게 해준 사람
이다.

　우리가 '아프다'라고 느끼는 가장 중요한 이 감각은 우리의 육체를
보존하고 동물적 생명을 유지하기 위한 소중한 수단이다. 만일 고통
이라는 감각이 없었다면, 어린아이였을 때 심심풀이로 자신의 살을

태우거나, 난도질하거나 했을 것이다. 즉, 육체의 고통은 동물의 개체를 보호한다. 그리고 고통이 개체를 보호하는 한, 어린아이에게는 고통이 못 견딜 만큼 큰 괴로움이 되지 않는다.

우리가 고통을 못 견딜 만큼 심한 괴로움으로 느끼는 순간은 합리적 의식을 총동원해 고통이 본래 우리에게 필요한 것이라고 생각하지 않고 고통을 거역할 때다. 동물 및 어린아이가 느끼는 고통은 그 범위가 국한되어 있으며, 합리적 의식을 가진 사람의 경우처럼 고통이 참을 수 없는 괴로움을 주지는 않는다. 흔히 보는 일이지만, 어린아이는 벼룩에 물리기만 해도 마치 내장이라도 찢기듯 마구 울어댄다. 그러나 고통은 이성이 없는 사람에게는 아무런 흔적도 남기지 않는다. 그래서 어렸을 때 당한 고통을 회상하려고 해도 전혀 떠오르지 않을 뿐 아니라, 고통의 강도를 상상할 수 없는 것이다.

우리는 아이나 동물이 괴로워하는 모습을 보면 그들보다 더 큰 고통을 느낀다. 이성을 갖추지 못한 사람은 실제의 고통보다 더 심하게 표현하므로 뇌염, 열병, 장티푸스 등 여러 가지 형태의 고통을 겪는 그들을 보면 우리의 동정은 훨씬 더 커진다. 아직 합리적 의식에 눈뜨지 않고 고통이 개체를 보호하는 역할만 하는 시기에는 고통이 심하게 느껴지지 않는다. 그러나 합리적 의식을 갖게 되면 고통은 동물적 자아를 이성에 종속시키는 수단이 되어, 합리적 의식에 눈뜬 정도에 따라 고통의 강도도 다르게 느껴진다. 실제로 우리는 합리적 의식을 완전히 갖춘 뒤에야 비로소 고통에 대해 말할 수 있다. 그때야 비

고통과 피
·

럼 수명을 바꿔서 자신이 언제 죽을지 모르게 했다." 이와 마찬가지로, 신은 태초에는 인간에게 감각을 심어주지 않았지만, 나중에 인간의 행복을 위해 지금 같은 상태로 다시 만들었다는 이야기는, 인간이 지금의 형태로 존재하고 있는 사실에 대해 분명한 합리성을 부여한다.

신이 인간으로 하여금 고통을 느끼지 못하게 했다면, 인간은 이러한 감각을 갖기를 원했을 것이다. 인간이 통증 없이 아기를 낳을 수 있다면, 생각 없이 아이를 마구 낳아서 제대로 키우지도 못했을 것이다. 그리고 아이들은 고통이 없기 때문에 자신의 육체를 해치게 될 것이며, 어른은 아이가 저지르는 그러한 잘못을 모르고 지나가게 될 것이다. 인간은 무엇을 해야 할지 모르고, 생존의 목적도 갖지 않으며, 육체의 죽음이 다가온다는 사실도 모르고, 사랑도 하지 않게 될 것이다.

동물적 자아를 이성의 법칙에 종속시키는 것을 인생이라고 생각하는 사람에게는 고통은 증오의 대상이 아니다. 오히려 인간의 동물적 생명과 이성적 생명을 지탱해나가는 데 없어서는 안 될 조건이다. 고통이 없었다면 동물적 자아는 자신의 법칙 위반을 지시하는 그 어떤 것도 갖지 못했을 것이다. 또 합리적 의식이 고통을 경험하는 일이 없었다면 인간은 진리를 깨우치지 못했을 것이다.

그런데 이에 대해 "당신은 주로 개인의 고통에 대해 말하고 있지만, 남의 고통을 부정할 수는 없지 않은가? 남의 고통을 눈으로 보는

로소 우리가 고통이라고 말하는 생활이 시작되는 것이기 때문이다.

우리가 고통스럽다고 느끼는 정도는 얼마든지 커질 수도, 또 작아질 수도 있다. 실제로 생리학을 들먹일 필요도 없이, 감각에는 한계가 있어서 고통이 어느 정도에 이르면 감각이 단절되어 실신, 혼수, 무의식 등의 반응이 나타난다는 사실을 누구나 알고 있다. 이러한 이유로 고통의 증대는 극히 제한되어 있고, 어느 한계를 넘어설 수가 없다. 그러나 생리학적 측면과는 달리, 고통이 주는 감각은 고통과 우리의 관계 정도에 따라 무한히 증대될 수도, 무한히 축소될 수도 있다.

우리는 고통에 몸을 내맡긴 채 고통은 없어서는 안 되는 것이라고 생각함으로써 고통을 전혀 느끼지 않을 뿐 아니라, 고통을 참는 것에서 기쁨을 느낄 수도 있다는 사실을 잘 알고 있다. 순교자나 불에 타 죽으면서도 노래를 부른 후스(1366~1415. 보헤미아 종교개혁의 선구자, 화형을 당함 ― 옮긴이)는 말할 것도 없고, 매우 참기 어려운 수술을 보통 사람들이 잘 견뎌내는 것을 보면 잘 알 수 있다. 즉, 고통의 증대에는 한계가 있지만, 그 지각知覺의 축소에는 한계가 없는 것이다.

육체적 생존을 인생이라고 생각하는 사람에게는 고통의 괴로움이 참으로 무서운 일이다. 그들은 무서움을 느낄 수밖에 없다. 고통을 가라앉히라고 인간에게 부여된 이성의 힘을 오히려 고통을 증대시키는 데 사용하고 있기 때문이다.

플라톤은 말했다. "신은 태초에 인간의 수명을 70년으로 정했지만, 이렇게 정해진 수명 때문에 인간의 상태가 나빠진 것을 보고 지금처 것이 무엇보다 참을 수 없는 괴로움이 아닌가?"라며 빈정대는 사람들이 분명히 있을 것이다.

남의 고통이라고? 그러나 당신들이 말하는 남의 고통이라는 것은 일찍이 없어졌던 예가 한 번도 없이 지금도 계속되고 있지 않은가! 인간과 동물의 세계는 늘 고통을 당해왔으며, 지금도 당하고 있다. 우리는 이 사실을 오늘에서야 처음 알았단 말인가? 부상·불구不具·기아·추위·질병, 그 밖의 여러 가지 재난, 특히 출산의 통증(아무도 이것 없이 이 세상에 태어나지는 않았을 것이다) 등은 모두 생존을 위해 없어서는 안 될 조건들이다. 그리고 이런 고통이 있었기 때문에 고통을 가라앉히거나 고통에서 벗어나려는 노력을 통해 인간의 합리적 생활이 형성되는 것이다. 즉, 고통은 인생의 참된 활동을 돕는다.

인간의 고통과 그 원인이 되는 인간의 죄를 올바르게 파악하고, 이를 제거하려는 활동이 곧 인간이 하고 있는 일의 전부다. '나'라는 인간은 한 개의 육체로서 남의 고통을 올바르게 파악하기 위해 존재하며, 또한 내가 합리적 의식을 갖고 있는 것은 모든 사람의 고통 속에서 모든 고통의 원인인 인간의 죄악을 발견하고 자신과 타인 속에 깃든 그 원인을 소멸시키기 위해서다.

어째서 노동의 재료가 노동자에게 고통의 원인이 될 수 있단 말인가? 이는 마치 농부가 갈지 않은 땅이 고통의 원인이라고 불평하는 것과 같다. 갈지 않은 땅이 고통의 원인이 되는 것은, 땅이 갈린 상태를 보고 싶으면서도 그 땅을 경작하는 일이 자신이 일생 동안 해야 할 일이라고 생각하지 않는 농부에 한해서다. 괴로움을 느끼는 사람이 행하는 사랑 봉사와 고통의 일방적인 원인을 제거하려는 직접적인 활동은 인간에게 있어서 즐겁고 유일한 과업인 동시에 그에게 불멸의 행복을 가져다준다.

인간에게 고통을 주는 것은 오직 하나, 즉 행복만 있는 인생에 인간을 억지로 헌신하게 만드는 일이다. 이때의 고통은, 자신과 전 세계의 큰 죄악에 대한 의식, 그리고 자신과 전 세계의 삶 속에 있는 모든 권리를 어떤 다른 사람의 손에 의해서가 아닌 자기 자신의 손으로 실현할 수 있을 뿐 아니라 실현해야 한다는 의식 사이에 모순을 느낄 때 나타난다.

이 고통은 세계의 죄악에 관여하면서 인간이 자기 자신의 죄를 의식하지 않고서는 결코 진정시킬 수 없다. 그리고 고통을 없애는 일은, 우리의 생활 및 세계의 생활 속에 진리를 자기 손으로 실현할 수 있을 뿐 아니라 실현해야 한다는 의무를 이행하지 않고서는 누구도 할 수 없다.

하지만 전자의 방법으로는 자신의 고통을 증대시킬 뿐이고, 후자의 방법으로는 살아갈 힘을 잃을 뿐이다. 또한 고통을 진정시키는 길은 개체의 생존과 인간이 의식하는 목적 사이의 불균형을 없애는 참된 생명을 의식하고 활동하는 방법뿐이다.

인간은 좋든 싫든 자신의 생명은 탄생에서 죽음에 이르기까지의 개체 생존에 지나지 않으며, 우리가 의식하는 목적을 달성할 수 있고,

이 목적을 향해 나아가는 것(자신의 죄를 더욱 깊이 의식하고 이 세상에 진리를 더욱 널리 실현시켜나가는 것)이 전 세계의 삶과 불가분의 관계에 있는 우리의 과업이며 앞으로도 그러리라는 사실을 인정하지 않을 수 없다.

인간의 생활은 행복에 대한 갈망이다. 그리고 인간이 갈망하는 것은 자신에게 부여된다. 죽음과 고통의 형태로 나타나는 악惡이 사람에게 보이는 것은, 단지 인간이 동물적 생존의 법칙을 자신의 생활 법칙으로 알고 있을 경우에 한한다.

인간이면서도 짐승처럼 타락할 때 우리는 비로소 죽음과 고통을 보게 된다. 죽음과 고통은 도깨비처럼 사방에서 우리를 불러세우고, 우리로 하여금 우리 앞에 펼쳐진 이성의 법칙에 따르게 함으로써 사랑 속에서 표현된 오직 하나의 길로 우리를 몰아넣는다. 죽음과 고통은 단순히 사람에 의해서 실행되는 자기 삶의 법칙에 대한 배반背反에 지나지 않는다. 자신의 법칙에 따라서 살고 있는 사람에게는 결코 죽음이나 고통이 있을 리 없다.

"무거운 짐을 진 자들아, 다 내게로 오라. 내가 너희를 쉬게 하리라. 나는 마음이 온유하고 겸손하니 나의 멍에를 메고 내게서 배우라. 그러면 너희 마음이 평정을 얻으리라. 이는 내 멍에는 쉽고, 내 짐은 가볍기 때문이니라."(마태복음 제11장 28~30절) 인간의 생활은 행복에 대한 욕구다. 행복에 대한 욕구는 인간에게 부여된다. 즉, 죽음이 될 수 없는 삶과 악惡이 될 수 없는 행복이 바로 그것이다.

부록

행복의 조건 1

LEV NIKOLAYEVICH TOLSTOI

어떤 모양을 그리든지,
중심 없이는 원하는 모양을 그릴 수 없다

사람들은 흔히 "우리는 인생을 연구할 때 자신의 생활 의식에서가 아니라 자신의 외부에서 연구를 한다."고 말한다. 그러나 이는 우리가 사물을 볼 때 자신의 외부에서 보고 있는 것과 같은 이치가 아닌가!

우리가 사물을 자신의 외부에서 보는 것은 사물을 우리 자신의 눈으로 보기 때문이다. 우리는 눈으로 보는 그대로 이외에는 사물을 볼 수가 없다. 즉, 우리는 아는 그대로 이외에는 외부의 생명에 대해 정의를 내릴 수가 없다. 우리는 자신 속에 있는 생명을 행복에 대한 욕구에 불과하다고 생각한다. 따라서 행복에 대한 욕구라는 정의를 빼고서는 인생을 관찰할 수 없을 뿐 아니라 바라볼 수조차 없는 것이다.

생물로서 우리가 갖고 있는 지식의 가장 중요한 작용은, 하나의 생물이라는 개념 속에 여러 가지의 생물을 포함시켜보는 일이다. 그럼으로써 우리는 이 생물을 다른 모든 생물과 구별해낸다. 이는 우리모두가 한결같이 인정하는 삶에 대한 정의, 즉 전 세계로부터 벗어난하나의 존재로서 자기 자신의 행복 요구라는 삶에 대한 정의를 바탕으로 할 때만 이루어진다.

우리는, 말을 타고 있는 사람은 많은 생물도 아니고, 하나의 동물도아니라는 사실을 알고 있다. 우리가 이런 사실을 알고 있는 이유는, 우리가 사람과 말을 구성하는 모든 부분을 하나하나 관찰하기 때문이 아니라, 사람과 말의 머리, 발, 그 밖의 어느 부분에서든 우리가 자신 속에서 찾아볼 수 있는 것과 같은 행복에 대한 제 나름의 욕구를인정하지 못하고 있기 때문이다. 또한 우리는 말을 탄 사람이 한 개의 생물이 아니고, 두 개의 생물임을 알고 있다. 우리 자신 속에는 하나의 행복에 대한 욕구가 있지만, 그들 속에는 두 개의 별다른 행복에 대한 욕구가 있다는 점을 인정하기 때문이다.

단, 이 한 가지 사실로 미루어 보더라도 우리는 말을 탄 사람과 말과의 결합 속에 생명이 있다는 것, 또 말무리 속의 어떤 말에도 생명이 있다는 것, 또한 새, 곤충, 나무, 풀에도 생명이 있다는 점을 알고있다. 그러나 만일 우리가 말은 말 나름대로 자신의 행복을 원하고, 사람은 사람 나름대로 자신의 행복을 원한다는 것, 또한 말무리 속의 어떤 말도 행복을 원하고 있다는 것, 그리고 하나하나의 새, 벌레, 나무, 풀도 모두 자기 나름의 행복을 원하고 있다는 사실을 모른다면, 우리는 생물의 개별성個別性을 인정하지 않았을 것이고, 그럼 생물에 대한 이해도 전혀 없었을 것이다. 즉 기병대, 가축의 무리, 곤충, 식물, 그 밖의 모든 존재가 바다의 파도처럼 인식되어, 전 세계는 우리가 도저히 생명체를 찾아낼 수 없는 하나의 단순한 운동처럼 보일 것이다.

만일 우리가 말, 개, 진드기가 모두 생물이라는 사실을 알고 그들을 관찰한다면 이는 말, 개, 진드기가 자기 나름대로의 목적, 즉 자신의 행복 추구를 목적으로 가진다는 점을 알고 있는 것이다. 그런데 우리가 이런 사실을 알고 있는 이유는 생물은 모두 행복에 대해 똑같은 욕구를 갖고 있다는 점을 이해하기 때문이다.

행복에 대한 욕구 속에 인생에 대한 모든 지식의 바탕이 있다. 사람이 자신 속에서 느끼는 행복에 대한 욕구는 곧 생명이다. 이것이 인생의 표시임을 인식하지 못하고는 인생에 대한 어떠한 연구나 관찰도 불가능하다. 그러므로 관찰은 인생이 무엇인지 확실히 짐작이 갔을 때 비로소 시작해야 한다. 인생의 현상에 대한 어떠한 관찰도 인생 그 자체를 정의할 수는 없다.

사람들은 자신의 의식 속에서 찾아낼 수 있는 행복에 대한 욕구로 인생을 정의 내리려고 하지 않고, 진드기 속에서 행복에 대한 욕구를 알 수 있다고 생각한다. 그리고 아무 근거도 없는 이 가상적인 지식을 바탕으로 그들은 생명의 본질에 대한 결론을 내리려고 하고 있다.

외적 생명에 관한 나의 모든 개념은 행복 욕구에 대한 나의 의식을 바탕으로 한다. 그러므로 나의 행복과 생명이 어디에 있는지를 알 수 있다면, 다른 존재의 행복과 생명도 무엇인지 알 수 있다. 다른 존재의 행복과 생명은 자신의 행복과 생명에 대해 전혀 알지 못한 상태에서는 도저히 알 수 없는 것이다.

자신의 생활에 대한 정의를 확립해놓지 않고 다른 존재의 생활을 연구한다는 것은, 중심을 정해놓지 않고 원을 그리려는 것이나 마찬가지다. 우선 확고부동한 중심점을 정해놓아야 비로소 원의 둘레를 그릴 수 있는 것이다. 우리가 어떤 모양을 그리든지, 중심 없이는 원하는 모양을 그릴 수 없다.

행복의 조건 2

LEV NIKOLAYEVICH TOLSTOI

합리적 의식 안에서 행복의 정의를 찾아야 한다

그릇된 과학은 인생에 수반되는 현상을 연구하면서 마치 인생 자체를 연구하는 줄 알고 있다. 그로 인해 인생의 관념이 왜곡되고 있다. 이러한 그릇된 과학이 인생이라고 일컫는 현상을 연구하면 연구할수록 인생의 관념으로부터 점점 더 멀어져갈 수밖에 없다.

그릇된 과학에서는 맨 처음 포유동물이 연구되고, 이어서 척추동물·어류·식물·산호·세포·현미경적 유기체 순으로 연구된다. 그리고 마침내 생물과 무생물의 구분, 유기체와 무기체의 한계, 한 유기체와 다른 유기체와의 차이점까지 구별할 수 없을 정도로 연구를 계속해나간다. 그러다가 결국에는 관찰하려고 해도 관찰할 수 없는 것이 연구와 관찰의 가장 중요한 대상으로 여겨지게 되는 것이다.

생명의 비밀과 만물의 근원을 설명하려고 해도 이것들은 눈에 보이지 않기 때문에 요즘에는 생명의 비밀과 만물의 근원이 오늘 발견되어도 내일이면 잊히는 미립자나 배종胚種 속에 있다는 의견까지 나오고 있다. 미생물 속에 포함되어 있는 것, 다시 그 속에 포함되어 있는 것…… 이리하여 무한히 더듬어가다 보면 마침내 무한소無限少의 무한에 이를 수 있으리라 생각하는 것이다. 무한소를 끝까지 추구하면 분명히 비밀스런 것이 드러나게 마련이다. 그렇게 된다면 결국 비밀스런 것은 그 모습을 드러내지 않는다는 결론이 나온다. 하지만 사람들은, 무한소의 것을 추구하면 문제를 해결할 수 있다는 견해가 문제를 잘못 다루고 있다는 분명한 증거라는 사실을 모르고 있다.

이러한 연구가 무의미하다는 사실을 분명히 보여주는 어리석기 짝이 없는 최후의 단계가 바로 과학의 승리다. 즉, 완전히 눈에 보이지 않게 되어 소경이나 다름없는 최후의 단계가 가장 잘 보이는 단계라고 생각하는 것이다. 그들은 미로에 빠져서 자신들이 길을 잘못 든 줄 알면서도 의기양양해한다. 좀 더 성능이 좋은 현미경만 개발되면 무기물에서 유기물로, 유기물에서 정신을 가진 것으로 옮겨가는 과정을 알 수 있으며, 그럼 결국 생명의 비밀이 완전히 밝혀지리라고 보는 것이다.

과학자들은 사물의 본체 대신 그림자를 연구하고 있으면서, 자신들이 연구하는 그림자의 본체에 대해서는 완전히 잊어버리고 있다.

뿐만 아니라 그림자 속에 점점 더 깊이 빠져들어가, 그림자가 사방에 쫙 퍼진 것에 기뻐하고 있는 것이다.

인생의 의의는 행복해지려는 욕구로서 인간의 의식 속에 나타난다. 이 행복을 해명하고 더욱 정확히 정의 내리는 것이 인류 생활의 주요 목적이며, 대사업이다. 그런데 이 사업은 어렵기 때문에 과학자들은 이 행복의 정의를 그것이 나타나는 합리적 의식 안에서 찾을 수가 없다. 그래서 그것이 나타나는 곳 이외의 장소에서 행복의 정의를 찾아야 한다고 생각한다.

이는 마치 자신에게 필요한 물품이 적힌 메모를 갖고 있으면서도 그 메모를 읽을 줄 몰라 집어던진 뒤, 만나는 사람마다 자신에게 필요한 물품이 뭐냐고 묻는 것과 마찬가지다. 인간의 마음속에 행복해지려는 욕구라는 지워버릴 수 없는 글자로 분명히 적힌 인생의 정의를, 사람들은 인간의 의식 밖에서 찾고 있는 것이다. 이것보다 괴상한 일이 어디 있는가! 게다가 인류는 가장 총명한 대표자의 입을 통해 인류의 지혜와는 상반되는 말을 해왔으며, 지금도 계속해서 그런 말을 하고 있기 때문에 이러한 폐단이 점점 더 심해지는 것이다. 종교의 가르침은 행복에의 욕구가 곧 생명이라는 점을 명확히 밝히고 있다.

행복의 조건 3

LEV NIKOLAYEVICH TOLSTOI

이성의 소리가 개인적 행복을 수행하라는 권유의 목소리보다
더 강하게 들리는 순간

이성의 소리는 점점 뚜렷이 들려왔고, 인간은 차차 이 소리에 귀 기
울였다. 그리고 이 소리가 개인적 행복과 그릇된 의무를 수행하라는
권유의 목소리보다 더 강하게 들릴 순간이 다가오고 있다. 아니, 벌써
그때가 찾아왔다. 하지만 한편으로는 유혹을 수반하는 개인 생활이
행복을 가져올 수 없다는 사실이 분명해졌으며, 또 한편으로는 사람
들에 의해서 규정된 의무가 인간의 이성과 선善의 근원에 대한 의무
를 수행할 수 없게 만드는 기만에 지나지 않는다는 사실을 사람들이
분명히 이해하기 시작했다. 합리적 의의를 지니지 않는 기만은 이제
는 그 바닥이 드러나서 아무도 여기에 속아 넘어가지 않게 되었다.

이전에는 사람들이 곧잘 "다른 생각을 하지 마라. 우리가 규정하는 의무를 믿어라. 이성은 너를 기만할 것이다. 오로지 신앙만이 너에게 인생의 참된 행복을 제시해줄 것이다."라고 말했다. 이 말을 들은 사람들은 믿으려고 애를 썼고, 또 믿기도 했다. 하지만 많은 사람들과 사귀어본 결과, 그는 많은 사람들이 자신과는 전혀 다른 것을 믿고 있다는 사실을 알게 되었고, 그 다른 것이 사람에 따라서 많은 행복을 주고 있다는 점을 깨달았다. 그래서 많은 종교 가운데 어느 것이 좀 더 참된 것인지 결론 내리지 않으면 안 되었다. 그런데 이를 해결할 수 있는 것은 오직 이성뿐이다.

사람이 사물을 지각할 수 있다는 것은 이성을 통해서이지 결코 종교를 통해서가 아니다. 한때는 사물을 지각하는 것은 종교를 통해서이지 결코 이성을 통해서가 아니라는 말에 많은 사람들이 속기도 했다. 하지만 어느 순간 다른 종교를 알게 되었고, 내가 자신의 종교를 찬미하는 것처럼 다른 사람들도 그들 자신의 종교를 찬미하는 모습을 보게 되었다. 그러자 이성에 의해서 어떤 결정을 내리지 않으면 안 된다는 필요성이 절실해졌다.

불교도가 마호메트교를 알고 나서도 본래의 불교도로 있는 이유는 결코 종교에 의해서가 아니라 이성에 의해서다. 자신의 앞에 전혀 다른 종교가 나타남에 따라 자신의 종교를 버릴 것인지, 아니면 새로 나타난 종교를 버릴 것인지라는 문제가 생겼다면 당연히 이성으로써 결정을 내려야 한다. 그리고 만일 그가 마호메트교를 알고 나서도 여전히 불교도로 머물러 있게 된다면, 불타佛陀에 대한 종전의 맹신盲信은 이미 합리적 근거에 기초를 두고 있다고 봐야 할 것이다.

이성에 의하지 않고 오직 종교만으로 정신적 내용을 불어넣으려는 현대의 수많은 시도는 마치 입을 봉하고 사람을 양성하려는 것과 같다. 사람들은 남과 사귐으로써 그들 전체에게 공통된 지식의 근거를 제시했다. 그리하여 사람들은 이미 종전의 미오迷惡로 되돌아갈 수 없게 되었다. 게다가 죽은 자가 신의 아들의 소리를 듣게 되었고, 또 들은 자가 소생할 때가 오고 있다. 아니, 벌써 그때가 왔다.

이 소리를 묵살해버릴 수는 없다. 왜냐하면 이 소리는 한 인간에게만 들리는 소리가 아니라 전 인류의 합리적인 의식의 소리이며, 또한 각 개인 속에서도, 인류의 뛰어난 사람들 속에서도, 오늘날 대다수의 사람들 속에서도 들을 수 있는 소리이기 때문인 것이다.

머리맡에 ── 톨스토이

초판 1쇄 인쇄   2017년 8월 20일
초판 1쇄 발행   2017년 8월 25일

지은이   톨스토이
펴낸곳   빛과향기
등록번호   제399-2015-000005호
주소   경기도 남양주시 별내면 청학로 114번길 34
전화   031) 840-5964   팩스 : 031) 842-5964
E-mail   songa7788@naver.com

ISBN   979-11-85584-41-6 04190
        979-11-85584-49-9(세트)

독자 여러분의 책에 관한 아이디어나 원고 투고를 설레는 마음으로 기다리고 있습니다.
이메일로 간단한 개요와 취지, 연락처를 보내주세요. 독자님과 함께 하겠습니다.